민족의 통일과 다문화사회의 갈등

서울대학교 통일학신서 7

민족의 통일과 다문화사회의 갈등

독일 문학의 예를 중심으로

초판 1쇄 발행 2016년 7월 15일
초판 2쇄 발행 2017년 7월 30일

지은이 최윤영
펴낸이 성낙인
펴낸곳 서울대학교출판문화원

출판등록 제15-3호

주소 08826 서울 관악구 관악로 1
대표전화 02-880-5252 | 팩스 02-888-4148
전략기획팀(출판상담 및 홍보) 02-880-5217
출판관리팀(주문상담) 02-889-4424, 02-880-7995
이메일 snubook@snu.ac.kr
홈페이지 www.snupress.com

ISBN 978-89-521-1823-3 94850
978-89-521-1030-5 (세트)

서울대학교 통일학신서 7

민족의 통일과 다문화사회의 갈등

독일 문학의 예를 중심으로

최윤영 지음

서울대학교출판문화원

The Conflict between German Reunification and Multicultural Society

Focusing on the German Literature

Yun-Young Choi

Seoul National University Press

서울대학교 통일학신서를 내면서

우리의 희망과는 달리 남북관계는 여전히 불안정하고 국제정세 또한 유동적이지만, 민주화와 경제발전을 성공적으로 이룩한 사회적 역량을 바탕으로 이제 통일 한국의 미래를 기획하고 준비하는 일이 중요한 시대적 과제로 부각되고 있다. 이런 엄중한 과제에 부응하기 위하여 서울대학교는 2003년부터 통일학 연구사업을 시작하였고, 이를 체계적으로 추진하기 위하여 2006년 통일연구소를 설립했으며, 2008년에는 연구의 시각과 범위를 조정하여 통일과 평화를 함께 다루는 연구원으로 거듭났다.

지난 기간에 우리 연구원은 나름대로 많은 연구와 교육사업을 수행하였고, 국제적인 교류와 협력을 통하여 보다 창의적이고 실천적인 사회적 통합과 통일의 방안들을 만들고자 노력해왔지만, 여전히 공동체적 평화와 인간적 안보를 확충하는 데 얼마나 실질적으로 기여했는가라는 질문은 우리를 일깨우고 정진하도록 자극한다. 더구나 연구원 창립 10주년을 지나면서 우리는 HK 통일인문학 사업과 통일학 기반조성사업에 더하여 통일교육 선도사업을 새롭게 시작하게 되었기에, 더 널리 의견을 모으고, 지식을 나누는 일에 진력하지 않을 수 없다.

통일과 평화는 종합적 지식과 통찰력을 요구하는 학문적 화두일 뿐 아니라 많은 토론과 지혜를 필요로 하는 실천적 의제이기도 하다. 통일학신서와 통일학연구총서는 이런 요구에 응답하려는 치열한 노력의 산물이라고 할 수 있다. 이 신서와 연구총서는 역사와 문화뿐 아니라 정치와 경제, 환경과 과학기술 등 모든 영역을 포괄하면서 보다 종합적이고 체계적인 지혜를 모으기 위한 개방적 토론의 장이 되는 것을 지향한다. 우리의 시야는 남북한을 넘어 동아시아와 세계를 향해 열려 있어야 한다. 분단의 고통을 넘어 통일을 향한 희망을 키우고, 역사적 상상력을 발휘하며, 세계와 소통하려는 의지가 이 신서와 연구총서에 가득하기를 소망한다.

그동안 통일에 대한 학문적 연구의 필요성을 절감하고 연구소 설립과 연구진흥을 위해 적극적으로 도와주신 정운찬 전 총장님, 평화연구의 필요성을 일깨워주신 이장무 전 총장님, 통일평화연구원으로의 발전을 위해 애써주신 오연천 전 총장님, 그리고 학내 통일기반연구의 확충을 위해 애써주시는 성낙인 총장님께 감사드린다. 아울러 항상 우리의 연구성과에 주목하고 성원해주시는 독자 여러분께 더 큰 고마움을 표하지 않을 수 없다.

2016년 5월

서울대학교 통일평화연구원장

서문

독일이 들끓고 있다. 작년에 100만 명이 넘는 시리아 난민을 받아들이면서 독일은 갑자기 최근 가장 많은 난민을 받아들인 유럽국가가 되었다. 독일의 탄탄한 경제적·사회적 복지구조를 생각하면 큰 어려움 없이 이 문제를 풀 것도 같다. 그러나 이주민 문제는 보다 신중하고, 보다 장기적으로, 보다 체계적으로 접근해야 한다. 앙겔라 메르켈(Angela Merkel) 총리의 인도주의적 대결단이 칭송을 받고 있지만, 총리가 속한 기독민주당(CDU, 이하 기민당)의 이주민 정책은 이제까지 보수적이고 폐쇄적이었으며 이주민의 독일 사회로의 동화를 촉구해왔었다. 메르켈 총리가 이끄는 기민당 정권은 이미 집권 3기를 지나 4기를 바라보고 있는데, 기본적으로 다문화사회 정책을 거부하고 이주민의 통합 정책을 추구한다. 집권 여당은 외국인, 난민, 이주노동자가 증가하면서 독일 사회의 이질화 현상이 점차 심화되어가는 것에 기본적으로 반기를 들어왔다. "보트는 이제 꽉 찼다(Das Boot ist voll)"라는 메르켈의 표어에서 보듯 독일 사회는 더 이상의 이주민을 필요로 하지 않으며 기존 이주민도 독일 주류사회의 언어와 문화를 배워 사회에 통합되라는 것이 여당의 기본 강령이었다.

그러다가 2015년 한 텔레비전 인터뷰에서 중동 출신의 어린 소녀에게 원칙적으로 체류허가를 내줄 수 없다고 답한 메르켈 총리의 냉정한 한마디가 사회적으로 큰 비판을 불러오면서 독일 정부는 좀 더 많은 이주민들에게 체류허가를 내주기로 한다. 이 작은 변화도 기민당의 기존 정책 흐름과는 다른 방향이라서 사회적 반향이 적지 않았다. 그러다가 9월 시리아의 세 살배기 어린 소년 쿠르디의 죽음 사진이 전 세계에 불러일으킨 인도주의와 애도의 물결은 독일로 하여금 시리아 난민을 적극적으로 대거 수용하기로 결정하게 만드는 계기가 되었다. 물론 이러한 결정 뒤에는 최근의 독일의 노령화사회, 젊은 노동력 수급의 필요 등 다른 정책적 고려도 작용했다. 그 결과, 앞에 언급한 사건과는 비교도 안 되는 이주민 정책의 대선회가 이루어졌다. 이미 작년에 100만 명의 시리아 난민을 받아들인 독일은 이제 유럽 최대의 난민수용국이 되었다. 그러나 메르켈의 이러한 정책선회가 초기에는 국내외 모든 진영에서 찬사를 받은 반면, 실제로 난민들이 대거 유입되고 현실적인 문제가 대두하면서 독일 사회의 불만은 점점 고조되고 있다. 여기에 쾰른의 2016년 새해맞이 축제에서 이주민에 의해 자행된 대규모 성희롱 및 폭행 사건은 독일 여론을 들끓게 하고 이주민에 대한 부정적 여론을 확산시키며 다시금 페기다(PEGIDA)[1] 같은 보수파와 극우파의 등장을 용이하게 하고 있다.

많은 사람들이 메르켈 총리의 결정을 원칙적으로 환영하고 있지만 필자는 독일의 이주민 정책을 지켜봐온 사람으로서 큰 우려를 갖지 않을 수 없다. 전후 독일 사회의 이주민 정책의 변화와 이에 따른 독일 사회의 변화를 살펴보면서, 이주민 정책은 유입국의 경제나 사회 사정에 따라 그때그때 즉흥적으로 결정될 문제가 아니고, 장기적인 계획하에 수용 기반을 마련하면서 수행해야 하는 동시에 시민의식을 열린 사회로 향하도록 바꾸고 사회적 합의를 이루면서 진행해야 함을 절감하고 있기 때문이다. 2015년 독일은 무엇보다도 인도주의적 정신에 입각해 난민수용을 결정하였지만 이에 대한 시민들의 의식적·개인적·사회적 준비가 충분치 않을 때 결과적으로 사회의 이주민 정책은 언제든지 다시 극단적인 반대방향으로 선회할 수도 있다.

---

1 이 당의 원래 이름은 'Patriotische Europäer gegen die Islamisierung des Abendlandes(서양의 이슬람화를 반대하는 애국 유럽인)'으로, 2014년 구 동독의 드레스덴에서 결성된 대중정당이다.

최근 독일 사회의 일련의 변화와 변모를 지켜보면서 이 책의 주제인 '독일 민족국가와 다문화사회'라는 주제가 중요함을 다시 한 번 깨닫게 되었다. 이 책의 골자는 독일 정부가 전후 거시적 안목에서의 장기적 계획 없이 계속 임기응변식으로 이주민 정책을 펴고—결과적으로—실패를 거듭해온 과정을 살펴보는 것과, 현재 인구의 20% 가까이 이민 배경을 가진 시민들로 구성된 다문화사회로 변모한 과정과 현실을 추적하는 것이다. 무엇보다도 애초부터 이민국임을 표방하는 미국과 달리, 단일민족국가를 강조하는 독일이 특히 통일 직후에 겪은 사회적 갈등과 혼란을 중점적으로 살펴보면서 현상적으로는 다문화사회가 되었지만 의식적으로는 아직 다문화사회가 성숙하지 않았음을 지적하였다.

이 책에서는 통일 직후의 갈등과 내분을 구체적으로 생생하게 살펴보기 위하여 당사자, 피해자라 할 독일 이주민들이 쓴 문학들을 집중적으로 살펴보았다. 독일 민족이 통일되면서 보통 구 동독인이 역사의 짐과 고통을 가장 많이 떠안은 집단으로 거론되지만, 외국 출신의 이주민들은 훨씬 더 큰 고통과 배제의 과정을 겪었다. 이들의 '낯선' 시각은 독일 사회의 진면목을 제대로 보게 하는 계기가 될 것이다. 그러나 이러한 주제는 독일이나 우리 사회에서나 거의 다루어진 적이 없었다. 이와 같은 통일 후의 사회 갈등과 사회 문제는 민족의식이 남달리 강한 우리나라에서도 마찬가지로 예견되기 때문에 시사성과 중요성이 매우 크다고 할 수 있다. 이 책은 그러한 의미에서 통일을 계획할 때 우리가 잊지 말아야 할 다문화사회의 문제를 문학이 다루는 개인들의 구체적이고 생생한 현실을 통해 살펴보고 있다. 터키 이주민뿐 아니라 베트남, 러시아, 유대인 출신 이주민들의 다양한 목소리를 분석하고, 더 나아가 이민 1세대와 2세대들의 달라진 현실도 살펴보고 있다. 모쪼록 우리의 통일을 구상하는 과정에서 이주민에 대한 부분도 함께 성찰이 되었으면 하는 바람이다.

2016년 1월, 관악산에서

차례

I

사회적·역사적 현실

이 책의 주 목적은 1990년 독일 통일 이후 독일 사회의 변화를 살펴보는 것이다. 그중에서도 이제까지의 연구에서 거의 주목을 받지 못했던 통일과 다문화사회의 관계에 집중하고자 한다. 이를 위해서 우선 통일 직후 독일에서 일어난 이주민에게 가해진 테러 사건들을 살펴보는데, 바로 이 사건들이 통일과 다문화사회 간의 갈등을 아주 적나라하게, 그것도 폭력을 통해 보여주기 때문이다. 이러한 폭력의 주 원인으로 자주 지목되는 통일 이후 독일 사회에 증폭된 사회 내부적 갈등과 신민족주의의 대두 현상을 살펴본 이후에 좀 더 넓은 맥락에서 이 문제를 전후의 역사적 흐름과 정치사회적 배경을 통해 고찰할 것이다. 이때 전후 독일의 외국인 정책과 실제 현실, 갈등의 해결방안을 한편으로는 동독과 서독이라는 두 다른 사회체제 속에서 살펴볼 것이고, 다른 한편으로는 분단시대와 통일시대로 나누어 두 다른 시대 속에서 살펴볼 것이다. 외국인 정책을 분석하는 것은 독일 주류사회가 통일과 다문화사회의 문제를 공식적으로 어떻게 인식하고 대처해왔는가를 살펴보기 위해서이고, 그 결과는 이 문제와 관련하여 독일 사회에 대한 전반적이고 객관적인 이해의 틀을 제공할 것이다.

다음으로 이 책에서 중점을 두는 부분은, 그렇다면 과연 외국인들과 이주민들, 즉 이 갈등과 문제의 해당 당사자들은 통일 이후의 독일 사회를 어떻게 받아들이고 그 안에서 어떻게 대처해왔는가를 살펴보는 것이다. 이 문제에는 여러 방식으로 접근할 수 있지만 여기에서는 주로 문학작품의 분석을 통하여 살펴보도록 하겠다. 문학작품은 보편적 문제를 구체적이고 개별적 문제에 녹여낸, 허구의 특수한 사례를 보여준다는 근본적 특징이 있다. 즉, 인간의 매일의 일상적 삶 속에서 문제를 생생하게 기술하여 이를 겪는 주체와 개인들의 입장에서 바라보게 해준다. 또한 통일과 다문화사회와 관련하여 공식적인 논쟁이나 담론들이 담아내지 못하는 다양하고 복잡한 문제들을 개별적이고 특수한 사례를 통해 세밀하고 심층적으로 보여주고 있다.

독일 통일과 독일 다문화사회 문제를 각기 별개의 문제로 보고 사회과학적 관점에서 살펴보는 시도는 여러 차례 행해진 적이 있지만 두 문제를 같은 맥락에서 분석하거나 혹은 문학텍스트 분석을 통해 접근하는 시도는 이제까지 행해지지 않았다. 또한 전체 맥락 속에서 주류사회가 아닌, 이민자 당사자들의 시각을 중심으로 고찰하는 연구도 거의 나온 적이 없다. 이러한 문제를 다루는 것 자체가 의미가 있을 뿐 아니라 이 문제의 성찰은 더 나아가 마찬가지로 분단의 현실 속에서 통일을 고민하는 우리나라에도 시사점을 줄 것이다.

1. 통일과 통합

"베를린 장벽이 무너졌다. 그 벽이 터키인들의 머리를 덮쳤다."[1]

독일 통일은 대체로 혈연 개념으로 민족의 통일로 이해되고 있다. 통일을 염원하고 동방 정책을 내세웠던 총리 빌리 브란트(Willy Brandt)도 일찍이 "같은 뿌리에서 나온 것이 합쳐진다"고 통일의 성격을 민족의 관점에서 언급한 바 있다. 즉, 독일 통일은 원래 하나였던 민족이 나뉘었다가 다시 합쳐지는 것으로 이해되었다. 그러나 독일 통일 과정을 자세히 들여다보면 통합은 사회 내부적으로 나뉘었던 두 부분이 시간이 흐른 후에 단순히 다시 합쳐진 것을 의미하거나, 더군다나 동등한 권리와 자격으로 합쳐진 것을 의미하지는 않았다. 사회는 새롭게 분열되었다. 통일 이후 독일 내 독일인들과 외국인, 이주민들이 맞닥뜨린 가장 큰 문제 중의 하나는 바로 '정체성(Identität)' 문제이다. 주류사회의 독일인들도 비록 성격은 다르지만 마찬가지로 정체성 문제에 부딪혔다. 이제 그들은 하나로 합쳐진 독일인이라고 느껴야 했다. 오랫동안 나치 과거 때문에 독일에서 '독일 민족'이라는 말은 공식적으로는 되도록 회피해야 하는 말이었다. 그러나 독일 통일은 독일 민족의 통일로 이해되었고, 그렇기 때문에 갑자기 '민족'이라는 문제가 사회적 이슈로 공식적으로 다시 부상하게 된 것이다. "독일 '민족'은 많은 사람들에게는 판도라의 상자처럼 여겨졌다. 오랫동안 이 상자는 닫혀 있었다. 그리고 이제 갑자기 다시 사람들은 독일인이라고 생각해야 했다."[2] 또한 통일은 독일을 합치는 동시에 이전과는 다르게, 즉 더 이상 이념이 아니라 경제적으로 분열시켰다. 통일로 인하여 자신이 피해를 보았다고 생각하는 독일인 중 상당수가 동독 주민들인데, 이들은 자신들이 이제 '2등 독일 국민(Deutsche zweiter Klasse)'으로 전락했다고 생각했고 외적으로는 장벽이 무너졌지만 통일 후 각자의 머릿속에 새로운 장벽이 생겨났다고 느꼈다.

그러나 독일 통일의 과정을 이보다 더 힘들게 겪은, 즉 통일의 수레바퀴 가장 밑으로 깔려 들어가 고통을 겪었던 사회계층은 당시 동서독에 체류하던 외국인, 이주민이었다고 말할 수 있다.[3] '민족의 통일'은 이 '민

---

1 N. Çil, Die Mauer fiel uns auf den Kopf (http://www.taz.de/1/archiv/?id=archivseite&dig=2004/11/08/a0246).

2 Z. Şenocak, Gefährliche Verwandschaft, München 1998, S. 34.

3 이 책에서 독일 내 이주민의 사회통합 문제는 제2차 세계대전 이후의 현실과 정책에 중점을 두어 다룰 것이다. 최근의 통계에 의하면 독일은 1950-1988년 사이에 2,450만

족'에 속하지 않는 사람들을 배제시켰고, 통일의 열기가 지나가자 통일에 대한 불만이 바로 이들에게 투사됨으로써 이들을 불만과 폭력의 희생자로 만들었다. 통일 이후 이들 외국인, 이주민과 더불어 '이민 배경을 가진(mit Migrationshintergrund)' 시민은 갑자기 보다 더 첨예해진 정체성 문제에 직면하게 되었다.[4] 이제 통일된 독일 국민들의 눈에 이들은 이전보다 더 낯선 이방인으로 비추어졌다. 이전에는 민족이나 인종뿐 아니라 사회적 이념이나 사회체제 등 여러 요인이 동서독 주민들을 분류하였으나, 서독에 의한 동독의 흡수통일은 둘 간에 있었던 많은 차이들을 사상시켰고 단순화시켰다. 그 과정에서 무엇보다도 민족이라는 요소를 전면에 등장시켰다. 이는 동서독 모두에서 공통적으로 보여지는 현상이다. 예를 들어 서독에 있는 이주노동자들은 다른 문화와 다른 종교를 가지고 다른 인종에 속했음에도 불구하고 장벽 너머에 있는 사회주의 체제 속의 동독인과 비교해본다면 그보다는 가까운 이웃으로 생각되었다. 동독에 대규모로

명의 이민자를 받아들였고, 2014년 12월 31일 현재 820여만 명의 외국인이 살고 있으며, 이는 독일 전체 인구의 거의 10%에 육박한다. 여기에 덧붙여 독일 국적을 취득한 이주민들이 있어서—불법 체류자를 제외하고도—거의 1,640여만 명의 인구, 즉 전체 인구의 1/5이 소위 '이민 배경(Migrationshintergrund)'을 가지고 있다. 이 책에서는 이들을 모두 '이주민(Zuwanderer)' 개념으로 다룬다. 이 중 특히 295여만 명(이 중 150여만 명이 터키 국적)의 터키계 이주민들은 가장 큰 이주민 공동체를 형성하고 있으며, 이들의 자손들은 출생하면 독일인으로 등록되므로 통계수치를 세심하게 분석해야 한다. 이제 이민 2세, 경우에 따라서는 이민 3세들이 사회의 각 분야에서 활약하는 새로운 시기를 맞고 있지만 외국인과 이민자에 대한 통계는 아직 정확하지 않고 허점이 많다. 예를 들어 2005년의 통계를 보더라도 외국인의 수가 730만 명에서 800만 명까지 편차가 있으며, 그 외 난민, 불법체류자들에 대한 통계는 특히 정확하지 않다. Rainer Geißler, Sozialstruktur Deutschlands, Wiesbaden 2006/Berlin-Institut für Bevölkerung und Entwicklung, Die demografische Lage der Nation, München 2006, S. 30-31/2014년 통계는 독일연방통계청(https://www.destatis.de/DE/ZahlenFakten/GesellschaftStaat/Bevoelkerung/MigrationIntegration/AuslaendischeBevolkerung/Tabellen/Bundeslaender.html) 참조.

4 이 신조어는 독일 시민권을 새로이 얻게 된 이주민을 다시 분류하고 차별하는 용어이다. 보다 심한 배타적인 용어로는 '독일 여권을 가진 외국인(Ausländer mit deutschem Pass)'이라는 표현도 있다. 즉 공식적으로는 독일 시민권을 가진 독일 국민이지만 정서상으로는 여전히 외국인 취급을 하는 용어이다.

파견되어 있던 베트남 이주노동자들도 동독 시절에는—적어도 표면상으로는—'사회주의 동지'라는 점 때문에 장벽 너머의 자본주의자들보다 가깝게 느껴질 수 있었다. 이러한 정치 이데올로기는 이들에 대한 동독인의 인상과 정체성을 결정짓는 여러 요소 중 하나였다. 그러나 통일 이후 이들은 졸지에 통일 독일의 복지사회 금고를 축내는 낯선 이방인, 외국인으로 분류된다. 이주민들의 정체성 문제는 세대 간에 차이가 나타난다. 이민 1세대들은 떠나온 고국을 고향으로 생각하고 독일을 타향이라 생각하지만, 2세대, 3세대에게는 독일이 고향이다. 서독의 이주민이나 유대인들도 오랜 적응 기간을 거치고 세대를 거쳐 가면서 독일 사회에 이민자로서 뿌리를 내리고, 자신들이 독일 문화에 더 가깝게 속한다고 생각하며, 이러한 '지역 정체성(local identity)'을 주장해왔는데, 통일 후에 이들 모두 예외 없이 '외국인'으로서 주변부로 밀려나게 되었다. 서독인들에게 이들 이주민과 유대인들은 이제 같은 민족인 동독인보다 훨씬 더 먼, 낯선 이웃이 되었고, 이들에 대한 선입견이 강화되고 차별과 배제가 심화되었다. 통일시대 사회적 갈등의 첫 번째 희생양이 이주민, 유대인, 외국인들이었던 것은 우연이 아니다. 통일은 기존의 사회구조를 전면적으로 재편하게 되는데, 이때 관용과 인권 존중에 기반을 둔 사회 통합의 새로운 가치가 제시되고 논의와 동의의 과정을 거쳐 관철되었어야 함에도 불구하고 민족의 통일에 관심을 집중한 나머지 새롭게 주변부로 밀려난 사람들에 대한 고려를 할 수 없었고, 통일에 대한 불만이 어디로 터져 나올지도 사전에 파악할 수 없었던 것이다.

독일 통일과 다문화사회의 관계 연구사

민족통일과 다문화사회의 문제는 현재 시점에서뿐 아니라 미래를 고려해볼 때에도 매우 중요하다고 할 수 있는데 그 중요성에 비해 이제까지 연구나 논의는 별로 행해지지 않았다. 독일에서도 두 문제에 대해 직접적 연관관계에서는 그다지 논의가 많이 되지 않았고, 주로 통일은 통일대로, 다문화사회는 다문화사회대로 개별적인 연구들이 진행되었다. 특히 한국에서는 하나의 틀에서 통합적으로 보든, 개별적으로 보든 이 두 문제에 주목하는 연구는 드물었다.[5] 독어독문학계에서도 통일과 관련된 많은 논문들이 나왔지만 다문화사회와 연결 지은 논문은 거의 없었고, 다문화사회와 이주민 작가들에 대한 연구도 이제 시작 단계라 할 수 있다.[6]

한국의 통일 담론도 마찬가지이다. 기존의 담론에서는 주로 정치적·경제적·사회적·법적 차원에서의 통일 논의가 진행되었다. 최근 탈냉전시대의 통일이 강조되면서 평화 담론이 강조되지만, 이때에도 주로 비무력화, 북한의 비핵화 개방, 대화와 협력 등의 문제가 중점적으로 논의되었다.[7] 즉 평화를 이야기하지만 여전히 민족 담론의 틀 안에 머물러 있고 한국이 다문화사회라는 새로운 현실은 고려하지 않는 것이다. 그러다가 최근에 들어서야 기존의 국가주의 민족통일론에 대한 비판적 시각이 논의되는 학술대회가 열렸다. '한반도 통일론의 재구상'이란 제목으로 열린 이 학술대회는 이러한 흐름에 획기적으로 물꼬를 틀어 새로운 시각에서 논의를 진전시켰다.[8] 여기에서는 세계적·시대적 변화를 반영해 국가주의, 민족주의 중심의 통일론에 대한 반성이 논의되고 국가주의 통일론 대 시민사회 통일론으로 구분되어 토론되었다.

그 밖에 조민의 경우도 민족 담론이 더 이상 효과적이지 않다고 주장

---

5 이용일, 이민과 다문화사회로의 도전-독일의 이민자 사회통합과 한국적 함의, 실린 곳: 서양사론 제92집(2007), 219-254쪽/이철용, 독일의 '문화전쟁'과 이민자 문제, 실린 곳: 사회과학논총 제17집(2007), 321-349쪽.

6 박정희, 최근 독일어권 문학에서 이주민 문학의 현황, 실린 곳: 독일문학 제91권(2004), 187-206쪽/졸고, 독일 이민문학의 현주소, 실린 곳: 독어교육 제35집(2006), 425-444쪽 참조.

7 예를 들어 통일연구원에서 2010년에 발행된 『독일 통일 20년』과 『한반도 통일비전』, 통일연구원 KINI학술총서 10-02(2010)에서 행해진 논의가 그러하다.

8 고려대 민족문화연구원과 경남대 극동문제연구소는 2010년 9월 9-10일 학술대회를 열어 기존의 민족주의에 기반을 둔 통일 담론에 대한 비판적 토론을 벌였다.

한다. 그는 새로운 통일 방안으로 민족 이외의 다른 공통점이라 할 인류 보편적 가치와 삶의 방식을 통일의 기반으로 삼자고 주장하며, 경제공동체 형성 같은 실질적 통일 추구와 법적·제도적 통일의 병행적 접근이 필요하다고 말한다.[9] 그러나 아직까지 이러한 주장은 소수의견에 속하며 학계의 주류 논의로 포함되지 못하고 있다.

2. 통일 이후의 상황들

1) 민족의 통일과 다문화사회 사이의 갈등

통일 직후 불거진 독일 사회의 문제 중 전 세계적으로 이목을 집중시킨 것은 연달아 발생한 독일 거주 외국인에 대한 테러였다. 통일 이후 이주민 집단을 상대로 한 테러는 호이어스베르다, 로스토크, 묄른, 코트부스에서 시작하여 계속 이어졌고, 특히 마지막 졸링겐의 테러는 이곳이 극우파 테러를 상징하는 불명예스러운 도시로 기억되도록 만들었다. 또한 외국인, 이주민뿐만 아니라 유대인 묘지나 유대인에 대한 테러의 빈도도 급격히 높아졌다. 통일 이후의 문제점과 갈등은 여러 방면에서 나타났지만 독일 언론은 주로 동서독의 통합 문제에 초점을 맞추어 보도하였고 외국인 테러는 별개의 문제로 다루었다. 실제 사망 사건도 여러 건 발생하는 등 피해가 컸고, 많은 외국인, 이주민들이 불안과 공포에 떨었다는 점에서 이 사건의 심각성과 중요성은 대단히 크다고 할 수 있다. 특히 우리나라의 경우에도 이러한 갈등과 반목에서 자유로울 수 없으며 이 문제에 대한 경각심이 요구된다.

---

9 조민, 한반도 통일의 의의 및 전망. 통일코리아 모색, 실린 곳: 독일 통일 20년과 한반도 통일비전, 통일연구원 KINI학술총서 10-02(2010), 75쪽 이하 참조.

통계마다 조금씩 상이하지만, 독일의 『타게스슈피겔(Tagesspiegel)』과 시사주간지 『차이트(Zeit)』가 공동 보도한 바에 따르면 1990년부터 2009년까지 적어도 137명 이상이 독일에서 극우파 테러로 인하여 사망했다.[10] 경찰은 이 중 47건만이 이러한 부류의 직접적 범죄라고 보고 있다. 우파들의 테러 희생자들 가운데는 외국인뿐만 아니라 노숙자들도 상당수 포함되어 있다. 이들 테러 사건의 개요는 다음과 같다.

호이어스베르다

1991년 9월 17일에서 23일까지 구 동독 지역인 작센 주 호이어스베르다는 외국인에 대한 증오심에서 일어난 폭동과 이와 관련한 시위로 독일 신문을 장식했다. 이것은 통일 이후 구 동독주에서 최초로 발생한 외국인 증오를 원인으로 한 대규모 테러였으며, 이후 비슷한 사건이 연쇄적으로 발생했다. 테러의 발단은 젊은 네오나치들이 길거리의 베트남 행상들을 공격한 것이었다. 경찰이 개입한 이후에도 계약노동자들의 숙소가 공격을 당했는데, 특히 모잠비크에서 온 노동자들이 주 희생자가 되었다. 매일 이들의 난동이 반복되고 점차 과격해지면서 21일에는 난민신청자들이 묵고 있는 기숙사에 돌과 화염병을 던지기에 이르렀다. 이들 난민신청자들은 개인적으로 신체 공격을 당하기도 했다. 이때 32명이 부상을 당했지만 난동자 중 3명만 체포되었을 뿐이다. 며칠 후 난민신청자들이 모두 소개(疏開)된 후에 이들 난동자는—나치의 '유대인 프리(judenfrei, 유대인 없음)'라는 구호를 본 따—'외국인 프리(ausländerfrei)'라고 외쳤다. 이

10 137 Todesopfer rechter Gewalt (http://www.tagesspiegel.de/politik/rechtsextremismus/137-todesopfer-rechter-gewalt/1934424.html?p1934424=20). 또 다른 통계로 『베를리너 타게스슈필(Berliner Tagesspiel)』 지와 『프랑크푸르터 룬트샤우(Frankfurter Rundschau)』 지가 통일 이후 극우파 테러에 희생당한 사망자 명단을 작성하였는데, 2009년 현재 149명의 희생자를 기록하고 있다(http://de.wikipedia.org/wiki/Liste_von_Todesopfern_rechtsextremer_Gewalt_in_Deutschland).

와중에 9월 19일에 22살의 미케 체르나가 이 도시에서 극우파 스킨헤드족에게 폭행을 당해 그 사고의 후유증으로 사망하는 일까지 발생했다. 이후 호이어스베르다는 도시 차원에서 이러한 불행하고 부정적인 도시 이미지를 개선하려 여러 시도를 했지만 별 효과를 거두지 못했고, 2006년 작센 주 극우파의 본거지가 되어 다시 언론에 등장하였다.

로스토크

1992년에는 로스토크에서 독일 전후 역사상 '외국인 증오'에서 비롯된 가장 대규모의 폭동이 일어났다. 이 사건으로 370명이 체포되고 408명이 조사를 받았으며 204명의 경찰이 부상을 입었다. 체포된 자들 가운데 110명은 서독 출신, 218명은 메클렌부르크-포어포메른 주(그중 147명은 로스토크) 출신, 37명은 다른 구 동독주 출신으로 밝혀졌다.

이 사건은 일명 '해바라기집'이라 불리는 중앙난민신청소가 위치한 11층 고층 아파트를 둘러싸고 일어났다. 당국은 난민들의 등록에도 신경을 쓰지 않았을 뿐 아니라 건물관리도 소홀히 했다. 이로 인한 무질서하고 비인간적인 환경 때문에 불만과 민원이 많이 제기되었으나 당국은 이를 계속 무시하고 있었다. 즉 여기에 거주하는 난민들뿐만 아니라 인근 지역 주민들도 이 문제 때문에 불만이 고조되어 가는 상황이었다. 난민신청자들은 해바라기집에 들어가기 위하여 캠프를 차리고 바깥에서 기다리고 있었다. 1992년 8월 22일에는 크고 작은 여러 사건들이 있어났는데, 극우파들이 건물 앞에서 캠핑하는 난민들에게 돌을 던지기 시작하다가 사람들이 건물 안으로 피신해 들어가자 돌을 던져 유리창을 부수었다. 이후 경찰이 개입함으로써 난동은 일단 진정되었다.

그러나 이 사건이 언론에 보도된 첫날 이후 아이러니컬하게도 이 보도를 보고 많은 극우파들과 네오나치들이 전국에서 이 도시로 몰려들어 사건이 커져갔으며 계속 대규모로 무리를 지어 다니면서 근처에서 난동을 일으키고 방화를 저질렀다. 난동이 재개되어 24일에는 이 건물에 있던 거주자들이 당국의 지휘하에 모두 대피했지만 이 해바라기집의 바로 옆 건물에 사는 115명의 베트남인들과 ZDF 방송 팀은 이 폭동의 와중에 방치되고 잊혀졌다. 테러가 계속되고 바로 옆 건물에서 방화가 일어나자 건물 내부의 이주민들과 방송 팀은 그 옆의 건물로 대피하고자 하였으나 이 와중에 공포심에 사로잡힌 주민들이 안에서 문을 잠가버렸다. 결국 이 주민들과 방송 팀은 죽음까지 생각할 수밖에 없는 극한 상황에 몰렸는데 마지막 순간에 극적으로 지붕을 통해 그 건물을 탈출할 수 있었다. 텔레비전 방송 팀이 건물 안에 남아 있었기 때문에 모든 것은 생생하게 방송 카메라에 담겼다.

묄른

로스토크 사건이 있은 지 몇 달 후인 1992년 11월 22일, 이번에는 서독의 청소년들이 1992년 11월 22일에 묄른에서 터키 이주노동자들의 집에 화염병을 던졌다. 그 결과 두 명의 어린이를 포함한 세 명의 터키 여성이 화재로 사망했고 다수의 터키인이 부상을 입었다. 슐레스비히-홀슈타인 주 고등법원은 25세의 극우파 미하엘 페터스와 19세 라르스 크리스티안센을 3중 살인과 7중 살인미수 죄목으로 전자는 무기징역형을, 후자는 10년 소년원형을 선고했다. 이 사건은 이러한 테러 사건이 구 동독 지역뿐만 아니라 구 서독 지역까지 전이되어 일어났고, 사건이 우발적인 것이 아니라 계획적이고 의도적이라는 점에서 이목을 집중시켰다.

졸링겐

1993년 5월 29일 구 서독 노르트라인-베스트팔렌 주의 도시 졸링겐에서 어린이 세 명을 포함한 다섯 명의 터키계 이민자 가족이 고의적 방화로 인하여 일어난 화재로 집에서 사망한 사건은 전 세계를 경악시켰다. 1995년 10월 13일 뒤셀도르프의 고등법원은 사건 당시 16, 17, 20, 23세로 미성년자까지 포함되어 있었던 네 명의 졸링겐 출신 범인들에게 외국인 증오에 근거한 5중 살인, 14중 살인미수로 유죄판결을 내려, 주범은 15년 징역형을, 나머지 세 명은 10년 징역형을 선고하였다.

이 사건은 신나치주의자들이 저지른 것으로 알려져 있고 범인들은 재판을 통하여 형사 처벌을 받았으나, 이들 개개인에 한정된 범죄가 아니고 통일 후 통합의 갈등과정에서 사회의 이념적 가치가 제대로 정립되지 못한 혼란의 상태에서 일어난 사회적 범죄라고 보아야 한다. 범인 중에는 통일 후 실업으로 미래가 암담해진 청년층뿐 아니라 중산 교양시민층 가정의 청년도 포함되어 있었기 때문에 충격이 더욱 컸다.[11]

2) 테러에 대한 분석들

독일 통일과 사회 내부의 모순

이러한 일련의 폭력적 테러 사태에 직면해 독일 내부에서 다양한 분석이 행해졌다. 전후 독일 사회에 이주노동자들과 피난민 등이 유입되어 외국인이 800여만 명까지 대규모로 증가하면서 독일 사회가 혼종화·다양화·이질화되어가는 것에 대해 주류사회의 불만이 증폭된 것도 지적되었다. 이주노동자들의 유입이 중단된 1973년에 독일 지성인의 주간지로 여겨지던 『슈피겔』 지조차 "터키인이 몰려온다, 누가 막을 것인가"라는 도발적인 제목으로 표지를 장식한 바가 있다. 주류사회의 구조변화와 정체성 혼란, 불만은 독일 사회뿐 아니라 스스로 단일민족사회라 규정했던 대부분의 국가나 사회에서 나타나는 현상이라 할 수 있다.[12] 로스토크의 테러에서도 보다시피 지역주민들은 이들의 폭력적 테러를 만류하거나 저

11 유사한 사례로 2011년 7월 22일 노르웨이에서 발생하여 전 세계를 경악케 한, 극우주의자에 의한 테러 사건을 들 수 있다. 이 테러는 계몽화되고 안정된 유럽의 시민사회에서 불쑥 튀어나온 폭력이라는 점에서 충격적이었다. 즉 유럽도 이러한 테러에서 안전하지 않다는 경고를 준 사건이다.

12 이러한 점에서 우리나라의 경우도 특히 우려가 되고 있다.

지하기보다는 그 기회를 이용해 지역사회에 이질화, 무질서와 소통의 어려움 등을 가져온 이주민들에 대한 불만을 터뜨리고 테러 행위를 묵과하거나 간접적으로 지지하였다.[13] 또 다른 분석은 급속도로 늘어난 무슬림들이 사회적으로나 문화적·종교적으로 독일 사회에 적응하지 않기 때문에 갈등이 증폭되었다고 보고 있다.[14] 독일 주류사회의 상당수가 이러한 주장을 편다. 가축도살(할랄), 2세들이 학교에서 보여주는 종교 문제, 히잡 논쟁 등은 이러한 독일 무슬림 사회의 비동질화 경향을 대표적으로 보여준다는 것이다.[15] 물론 터키계가 독일 사회에서 이주민들의 대다수를 차지하고, 기독교 사회에 낯선 무슬림이 등장하면서 사회의 이질화를 촉진하여 사회 갈등의 원인이 되었다는 분석은 일리가 있다. 그렇지만 이러한 주장은 실제 주류사회의 문제를 은폐할 뿐 아니라 이주민 집단 전체를 하나의 비주류집단으로 단일화시켜 타자화하는 위험을 가지고 있다. 실제로 자세히 살펴보면 이미 터키 이주민 내부사회 자체에서 종교적 갈등뿐 아니라 문화적·사회적 갈등이 노출되면서 다양화·세분화 경향을 보이고 있다. 때문에 보다 정확하고 정밀한 분석이 필요하다.[16]

---

13 우리나라에서도 유사한 불만들을 찾아볼 수 있다. 한국의 대표적 다문화 공간이라고 알려진 부천의 원곡동 주민들은 외국인들이 준법정신이 부족하고 쓰레기를 무단으로 투기하고 분리수거를 하지 않고 있으며 저녁 공원에서 무리지어 있는 모습이 불안과 위압감을 준다고 불만을 토로한다. 정병호/송도영 엮음, 한국의 다문화공간, 우리 사회 다문화 이주민들의 삶의 공간을 찾아서, 현암사 2011, 214쪽 이하 참조.

14 박규정, 독일 사회와 무슬림 터키공동체, 실린 곳: 이태숙/김종원 편, 서유럽 무슬림과 국가 그리고 급진이슬람주의, 아모르문디 2009, 133쪽 이하 참조.

15 강태수, 독일 무슬림의 종교의 자유, 실린 곳: 이태숙/김종원 편, 위의 책, 167쪽 이하 참조. 그는 일례로 일부 무슬림들이 독일 사회의 동화를 거부하고 아랍어로 수업해줄 것을 요구한다고 지적하는데, 보다 큰 무슬림의 문제는 터키 이민자 집단과 관련되어 있고 이들에게는 학교에서의 터키어 교육 문제와 정체성 교육 문제가 보다 더 심각하다고 보아야 할 것이다.

16 터키 내부에서도 중산층이나 부유층, 교육받은 층은 미국 정향성을 보이고 있으며, 독일에 이주노동자로 온 사회계층은 대체로 아나톨리아 등 터키에서도 시골이나 낙후 지역 출신으로 빈곤계층이 다수를 차지하였다. 이 점은 학력이 높았던 한국의 광부나 간호사 등의 이주노동자와는 다른 측면이다.

그렇지만 다음에 소개될, 가장 많은 동의를 얻은 대표적인 두 가지 해석의 공통점은 이주민 테러의 원인이 이주민 사회가 아니라 독일 주류사회 내부에 있다고 본다는 점이다. 많은 분석들이 이러한 테러에서 독일 내부사회의 갈등이 표출된 것으로 보고 있다. 이 경우 이주민은 내부사회의 갈등이 폭력적으로 투사된 무고한 희생자로 이해된다.

통일 이후 이주민 차별 및 이들에 대한 폭행과 테러 문제는 구 동독 지역에서 가장 심각한 것으로 드러났다. 통일의 열광도 잠시, 동독과 서독 두 사회의 통합은 평등하거나 화합적으로 이루어지지 않았고 구 동독 출신 국민들은 스스로를 2등 국민이라고 생각하였다. 동독 시절에 체제의 중심부에 있었다가 밀려난 동독인들, 미래가 암담한 젊은 동독인들은 그들의 불만을 통일에 대한 불만으로 인식하고 자기보다 약자인 이주민들에게 화살을 돌리기 시작하였다. 여기에 일정의 유예기간이 지나면서 구 동독의 대규모 국영기업체들이 문을 닫았고, 많은 사람들에게 현실의 뼈저린 문제로 다가온 대량 실업이 발생하여 실업률이 크게 증가하였다. 80년대부터 서독에서 본격적으로 시작된, 그리고 통일 이후 독일뿐 아니라 유럽 국가들에서 도입이 가속화된 신자유주의 경제체제는 복지예산을 축소하고 무한 경쟁을 불러와 고용과 실업 문제를 야기하고 사회적 양극화가 가속되었다. 구 동독인들 중 일부는 경제 및 사회 문제의 원인을 자기 스스로에게서 혹은 독일 사회의 내부 구조에서 찾지 않고 자신들의 일자리를 빼앗았다고 생각되는 외국인, 이주민들에게 '투사(Projektion)'하였다. 자신들의 문제를 타자에게 전이시킨 것이다. 특히 실업률이 높았던 작센-안할트 주나 메클렌부르크-포어포메른 주에서 이러한 경향이 더 강하게 나타났다.

이 문제가 외국인들의 문제가 아니라 주류사회의 문제라는 점은 이러한 테러가 구 동독 지역에서 많이 일어났다는 데에서도 드러난다(그림 1 참조). 구 동독 지역에는 과거 동독 시절에 서독과 같이 많은 외국인이나 이주노동자가 없었고, 더군다나 통일 직후의 불안한 사회분위기 때문에

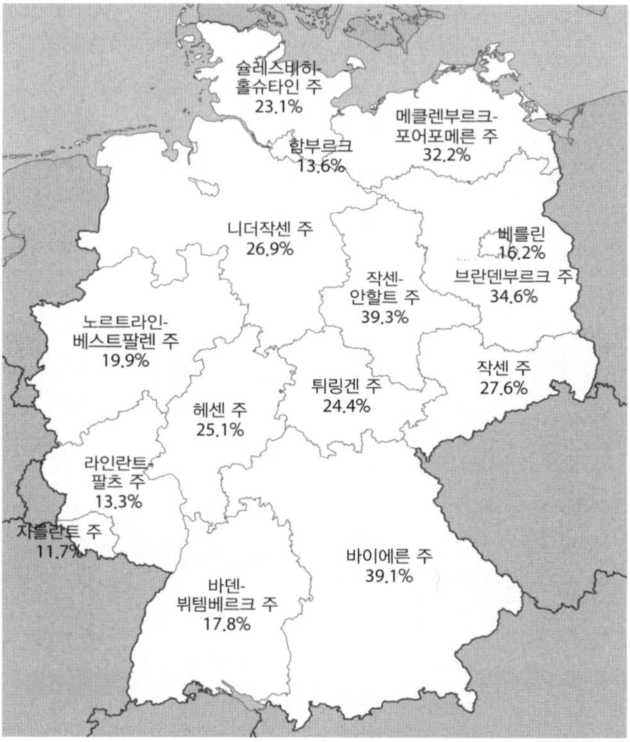

〈그림 1〉 독일 각 주의 외국인 증오 정도의 비율(2008)
출처: Studie der Universität Leipzig im Auftrag der Friedrich-Ebert-Stiftung, 2008.

거의 '엑소더스'의 물결처럼 남았던 외국노동자들도 대다수가 독일 땅을 떠나 귀국해버렸다(그림 2 참조). 때문에 통일 이후 구 동독 지역은 거의 단일 인종의 인구분포도를 보여주고 있는데도 불구하고 이 지역에서 이주민에 대한 차별과 갈등이 훨씬 더 심각하고 현재에도 그러한 것은 통일 이후 내부의 사회적·경제적 문제와 관련성이 크다. 현재 대부분의 이주민들이 구 서독의 대도시와 공업지대에 거주하고 있음에도 불구하고 구 동독에서 발생한 '외국인 없는 (상태에서의) 외국인 증오'는 큰 사회 문제가 되고 있다.[17]

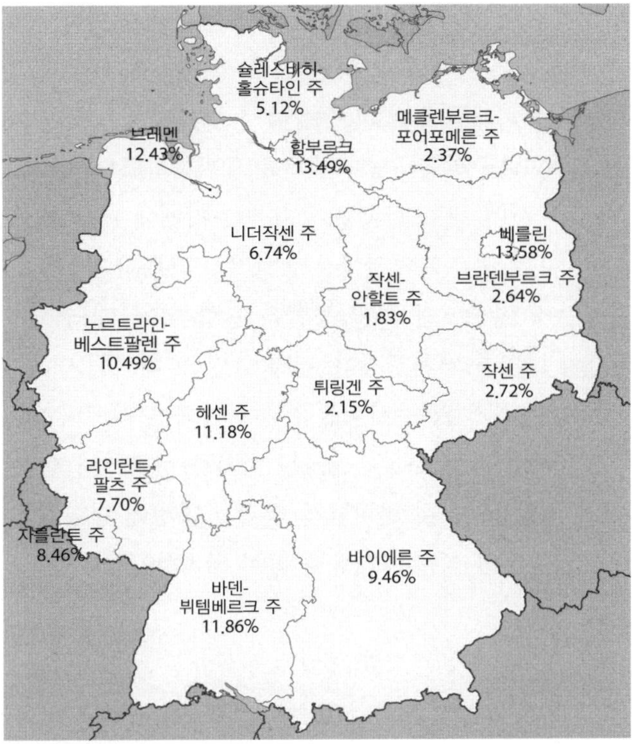

〈그림 2〉 독일 각 주의 외국인 비율(2010)
출처: www.stepmap.de/landkarte/anteil-der-auslaender-in-deutschland-145838.

(신)민족주의의 대두

테러의 또 다른 뿌리는 통일 이후 고조된 신민족주의라고 할 수 있다. 이 역시 독일 내부 사정의 문제이다. 테러의 본거지가 동독에서 서독으로 점차 옮겨지는 것도 이러한 경향에 대한 반증이라고 할 수 있다. 즉 이전에 테러가 일어난 호이어스베르다, 로스토크가 구 동독에 있었다면, 이후 테러가 발생한 묄른, 졸링겐은 구 서독에 위치하고 있기 때문이다. 테러에

17 Geißler, 앞의 책, S. 251.

는 동독의 극우파와 암담한 미래에 실망한 청년뿐 아니라 서독의 중산층 가정 출신 청년도 가담하였다. 독일 사회에서는 제3제국의 만행 때문에 전후 민족주의는 파시즘과 동일 선상에서 취급되어 동독도 서독도 오랫동안 '민족'과 '민족주의'의 논의 자체를 금기시하였다. 이러한 맥락에서 유대인들이 정착하여 새로 건국한 국가 이스라엘에 대한 비판도 세계 제2차 세계대전 이후 독일 정치권에서는 완전히 터부시되었다. 그러나 예상외로 갑작스럽게 이루어진 독일 통일은 통합을 강조하면서 자연스럽게 민족과 국가의 논의를 재개시켰다. 갑자기 민족, 하나의 민족이 강조되면서 이 '민족'에 속하지 않는 사람들은 등한시되고 배제되었다. 작가이자 언론인인 자퍼 세노작(Zafer Şenocak)은 이러한 상황에서 민족이 갖고 있는 여러 가지 역할 중 실제 현실에서 정체성 형성에 영향을 미치는 긍정적인 순기능을 부인하지 않고 다음과 같이 지적하고 있다.

> 민족주의의 재강화 현상을 실업, 주택난, 사회적 불안, 정치에의 불신 등의 관점에서만 보는 것은 너무 단견이다. 때로 사람들의 지갑 속만 들여다보는 것이 아니라 머릿속도 들여다보는 것이 중요하다. 극단적 민족주의나 인종주의는 유럽과 특히 독일에서 사람들에게 항의의 그릇으로 쓰이는 부정의 이데올로기만은 아니다. 이것들은 전적으로 역사적으로 지속되면서 자기 정체성을 구현할 가능성을 제공하기 때문이다. 가족, 언어, 고향, 가치들 — 이들은 복수주의 민족주의의 해방적 발전에 근거해 중요성을 상실했지만 이데올로기에 의해 다시금 가치가 상향조정되었다. 선거에서 극우파를 선택하는 동기에는 사회적 '저항'이라는 요소뿐 아니라 문화적 정체성 확립이라는 요소도 작용하고 있다.[18]

18 위의 책, S. 57.

세노작은 한편으로는 민족주의가 정체성 형성에서 갖는 역할을 인식할 것을 지적하면서 동시에 독일 통일 이후 민족주의가 부상하게 된 구체적 현실에 대해 비판한다. 통일 후 독일은 머리나 가슴이 아니라 배와 피가 독일인인 사람들만 독일인으로 받아들였고 같이 사는 이웃들인 아시아인들이나 아프리카인들은 무시하게 되었다는 것이다.[19] 통일 이후 동서독 사회통합을 위하여 민족주의를 강조하게 되었지만 외국인 테러와 맞물려 민족주의는 다시금 부정적인 시각에서 고찰되었다. 또한 앞서 말한 바 있는 통일 후 신자유주의 물결 속에서 사회갈등 문제는 주류사회가 보수화·우경화되도록 만들었다. 통일 25년이 지난 2015년 현재 통일 초기에 나타났던 이주민과 유대인에 대한 노골적인 테러는 줄었고 점차 통일 독일, 유럽연합, 다문화사회의 혼종적 현실을 수용하는 경향을 보이지만, 다른 한편으로는 독일과 유럽의 우경화에 대한 우려도 적지 않다. 여전히 독일에는 극우파가 존재하고 있고 기회가 있을 때마다 전면에 나서 세력을 확대하고 사회여론을 호도하려 시도하고 있다.

2010년 독일 사민당(SPD) 계열의 프리드리히 에버르트 재단(Friedrich-Ebert Stiftung)은 독일의 극우주의에 대한 설문조사 결과를 발표하면서 독일 사회의 중심이라 할 중산층에 존재하는 극우주의에 대한 심각한 우려를 표명하였다.[20] 이들은 2002년부터 2010년까지의 극우주의 현상을 독재에 대한 찬성 여부, 쇼비니즘, 외국인 적대주의, 반유대주의, 사회적 다윈주의, 나치에 대한 면죄부화의 6개 항목으로 나누어 연령별, 사회계층별, 성별, 정치성향별로 광범위하게 조사했다.[21]

---

19 Z. Şenocak, Atlas des tropischen Deutschland, Berlin 1993, S. 47.

20 180여 쪽에 달하는 이 재단의 보고서는 '위기에 처한 중산층(Die Mitte in der Krise)'이라는 제목으로 인터넷에도 공개되고 있다(http://library.fes.de/pdf-files/do/07504.pdf).

21 연령이 높을수록, 사회계층별로는 실업자층이, 성별로는 남성이 여성보다 극우주의 성향이 강한 것으로 나타났으며, 학력이 낮을수록 이 성향이 분명하게 높았다. 위의 보고서 S. 25 이하 참조.

에버르트 재단은 앞선 2006년에 정치학자들이 사회의 극우성향을 조사하면서 이미 사용했던 항목들을 차용하여 발전시켰는데, 이 4년 동안에도 차이가 나타났다. 연령이 높아질수록 우경화 경향이 강한 것으로 나타났는데 특히 큰 차이를 보인 것이 외국인 적대주의와 반유대주의다. 외국인 적대주의가 60세 이하 집단에서 약 21%로 나타났다면 60세 이상은 두드러지게 31%로 높았다. 반유대주의의 경우 연령별 집단을 14-30세, 31-59세, 60세 이상의 세 집단으로 나누어 조사했는데, 각각 4.9%, 7.1%, 12.9%로 나이가 들수록 눈에 띄게 증가하는 경향을 보였다. 무엇보다도 우려할 만한 차이는 지역적으로 상이한 분포에서 보여지는데, 바로 구 동독과 구 서독 사이에 나타났다. 외국인 적대주의는 구 서독보다 구 동독 지역에서 여전히 훨씬 높은 강도를 보였고, 시간이 흘러감에 따라 전체적으로는 다소 약화되었지만 구 동독 지역의 반외국인 정서는 약화된 것이 아니라 30%에서 35%로 오히려 더 강해진 것으로 나타났다.[22] 2002년의 경우 구 서독 23.7%, 구 동독 30.2% 전체 26.9%에서 2010년의 경우 구 서독 21.9%, 구 동독 35%, 전체 24.7%의 비율을 보였다. 이와 달리 반유대주의는 2002년의 경우 구 서독 13.7%, 구 동독 4.8%, 전체 9.3%에서 2010년의 경우 구 서독 8.9%, 구 동독 7.7%, 전체 8.7%의 비율을 보였다.[23] 처음에는 반유대주의 성향에 두 지역 사이에 두 배 이상의 현격한 차이가 있다가 시간이 흐르면서 2010년에는 두 지역 모두 비슷한 정도를 보여 동조화 경향을 보였다. 구 동독 지역에서 반유대주의 성향이 강해진 것은 특기할 만하다. 1945년 건립 초기에 동독은 나치 시대의 유대인에 대한 범죄를 파시즘이 저지른 범죄로, 즉 파시스트들이 잔존하는 서독의 범죄로 해석하였고 이 과거청산 문제에 대해서는 자신들이 이데올로기적으로나 도덕적으로 우월하다고 주장했었다. 때문에 사회 전반적으로는 사

22 위의 보고서, S. 82.
23 위의 보고서, S. 94.

회주의적·계몽주의적 흐름 속에서 반유대주의가 거의 표면화되지 않다가 통일 이후 반유대주의가 증가하였다. 특히 이러한 경향은 실업자 계층, 극우주의자들에게 심각한 정도로 강하게 나타났다. 이러한 결과가 보여주는 것은 외국인과 관련된 테러 문제는 외국인 문제가 아니라 독일 사회 내부의 문제이고 그것이 외국인에게 투사되었다는 것이다. 통일 독일을 이끄는, 인본주의에 바탕을 둔 사회적·문화적 가치를 어떻게 정립할 것인가의 문제는 중요한 과제로 남아 있다.

3. 통일 전후의 외국인 정책과 현실

통일 이후 독일의 다문화사회로의 변화와 현실을 살펴보는 작업의 일환으로, 다음으로는 역사적 시야를 넓혀 제2차 세계대전 이후인 1945년부터 현대에 이르기까지 독일의 전반적인 외국인 정책의 변모와 실제 현실을 살펴보도록 하자. 많은 사람들이 독일을 단일민족국가로 알고 있으나, 이미 인구의 1/3가량이 이민 배경을 가진 시민들로 구성된 다문화사회로 변모하였고, 여기에는 특히 제2차 세계대전 이후 이주노동자들을 대규모로 받아들인 것이 큰 역할을 하였다.

통일 전의 외국인 정책과 현실

구 서독의 경우

전후의 외국인 정책의 골자를 개괄해보자.[24] 1955년 12월 20일 서독 정부가 독일-이탈리아 정부협약을 맺어 전후 처음으로 외국인 노동자를 모집

24 독일 이주민의 역사에 대해서는 S. Luft, Ausländerpolitik in Deutschland, Gräfelfing 2003/D. Hoerder, Geschichte der deutschen Migration, München 2010 등 참조.

하였는데 이 모집은 우선적으로 경제적 원인에 의한 것이다. 즉 서독 노동시장에서의 노동력 부족이 그 원인이었는데, 처음에는 농업 부문에서 인력이 많이 필요하였고 주로 미숙련 외국인 노동자가 그 대상이었으며 이들은 산업현장의 예비인력이자 노동시장의 완충역할을 하게 되었다. 최초에는 5만여 명이 독일로 왔는데 실제로 농업현장에 투입되었고 사회적으로 별다른 문제를 야기하지 않았다. 이들은 산업예비인력으로서 필요에 따라 독일 노동시장의 수급불균형을 조정할 수 있는 대체 소모품으로 인식되었고, 계약기간 동안만 일시적으로 머물 것이고 계약이 끝나면 돌아갈 것이라고 예상되었다. 이들은 '손님노동자(Gastarbeiter)'라는 이름으로 불렸다.

그러나 1961년 동서독 간에 베를린 장벽이 세워지면서 동독의 젊은 노동력의 유입이 차단되어 외국인 노동자들의 역할이 점차 커지게 되었고, 독일 정부는 1960년 스페인과 그리스, 1961년 터키, 1964년 포르투갈, 1968년 유고슬라비아와 차례차례 협약을 체결하였다. 이 중 터키는 소위 기독교 유럽 문화권에 속하지 않는 유일한 국가로서 문화적 차이도 가장 컸다고 할 수 있으나 양국에 서로 이득이 되었기 때문에 협약이 체결되었다. 독일 사회는 노동력이 필요했고 터키로서는 자국의 유휴노동력을 보내 외화를 획득하고 선진기술을 익힐 수 있다는 장점이 있었다. 이들 터키 노동자들은 대체로 광산과 단순노동에 투입되었다. 처음에는 노동자들만 독일 입국이 허용되다가 1960년대 말부터 가족 동반 입국이 허용되었고, 가족이 독일에 들어옴으로써 이들 집단은 이민자로 전환될 징후를 보였으나 독일 사회는 이를 간과하였다. 대체로 경기 호황기에 노동자들이 많이 유입되고 경기 불황기에는 독일을 떠나는 양상이 반복되었다. 1968년의 통계를 보면 60%의 소위 '손님노동자'가 독일에 이미 4년 이상 거주하고 있었고 그중 41%는 배우자와 함께 거주하고 있었다.

이후 외국인 노동자의 장기체류화 문제를 인식하고 주정부 단위로 소위 '순환원칙(Rotationsprinzip)'을 도입하기도 하였는데, 1969년 바이에른

주는 5년 체류 제한규정을 두었고, 다른 주들이 이를 뒤따랐다.[25] 1969년 진보적인 사민당-자민당 연합이 정권을 잡으면서 사회정의라는 명분을 위해 이주노동자들의 체류기한 제한을 없애버렸다. 그러나 1973년 오일쇼크로 촉발된 독일의 경제 위기로 말미암아 외국인 노동자 모집이 전면적으로 중단되었다. 1953년 이후 1973년까지 20년간 약 1,400만 명의 외국인 노동자들이 독일에 일을 하러 들어왔고 그중 1,100만 명이 귀국하였다. 대체로 가족을 동반한 노동자들은 공식적으로 정부가 자국을 이민국이 아니라고 표명한 나라에서 이민자로 살게 되었다. 80년대 이후부터 이들은 이미 자녀 및 손자세대와 같이 살아가고 있었는데 여전히 외국인 신분이었고 이들의 수가 증가함에도 불구하고 독일 사회와 학교는 이들을 동등한 시민으로 수용할 준비가 전혀 되어 있지 않았다. 스위스의 작가 막스 프리쉬는 이러한 독일 사회의 기대와 현실 간의 차이를 적확하게 "우리는 노동력을 불렀는데 사람들이 왔다(Wir haben Arbeitskräfte gerufen, und es sind Menschen gekommen)"고 지적하였다.

1982년부터 다시 보수적인 기민당이 정권을 잡으면서 정책의 방향전환이 일어났으며 헬무트 콜 총리는 반(反)이민 정책을 폈다. 이 정권의 대표적 표어는 "보트는 이미 꽉 찼다", "독일은 이민국이 아니다(Deutschland ist kein Einwanderungsland)"였으며 독일 일반 대중의 광범위한 지지를 받았다. 정부는 구체적으로 세 가지 정책을 통하여 이주노동자의 수를 줄이려 시도하였다. 첫째로 정부는 신규 모집을 중단하여 새로운 이주노동자의 유입을 차단하고, 둘째로 독일에 거주하는 이주노동자의 귀국장려 정책을 폈으며, 셋째로 독일 사회에 남은 외국인 노동자들에게는 독일 사회에 적응할 것을 요구하였다. 이때부터 '순환원칙'은 서서히 '통합원칙

25 '순환원칙(Rotationsprinzip)'은 프로이센 외국인 정책이라고도 하는데, 주로 외국인이 계약 기간 동안만 독일에 와서 체류하며 훈련을 받고, 숙련된 노동자가 되면 귀향하는 원칙을 말한다. 이 원칙은 노동자 송출국에도 숙련 노동자가 귀국함으로 인하여 경제적으로도 도움이 되었기 때문에 양국 모두의 동의하에 운영된 제도였다.

(Integrationsprinzip)'으로 대체되었다. 구체적으로 살펴보면 1983년 귀환촉진법을 제정하여 귀국하는 노동자들에게 귀환지원금을 지원하였다. 이때 40만 명이 독일을 떠났는데 그중 터키 출신은 3,500명뿐이었다. 대부분의 터키인들은 귀국을 하면 다시 독일에 올 기회가 없어질 것으로 생각하고 독일에 남았다. 콜 정권은 내부적으로 이들 터키인들이 유럽의 기독교 문화권 출신이 아니기 때문에 미래 독일 사회의 정체성을 위협하는 요소가 될 것이라고 보았으며 이들에게 독일 사회에 동화하든지 아니면 떠날 것을 요구하였다. 새로운 이주노동자의 유입을 제한하고 귀국노동자 장려 정책을 편 것은 실제로 어느 정도 정부의 의지대로 되었고 일정 성과도 있었으나 남아 있는 외국인을 위한 통합 정책은 구체적으로 나오지 않았다. 독일은 이민국이 아니라는 선언하에 현실을 무시한 채 일방적으로 밀어붙인 이러한 방식의 정책은 결국 국가적·사회적 차원에서 새로운 사회현실에 적절하게 대응하지 못한 것이라고 평가되었다.[26]

구 동독의 경우

구 동독의 경우 대체로 60년대부터 외국인 노동자들이 유입되었는데 이는 분단 상황과 관련이 깊다. 1949년 동독이 건립되고 1961년 베를린 장벽이 세워질 때까지 340만 명의 주민들이, 특히 젊은이들이 서독으로 건너갔기 때문에 동독에 심각한 노동력 부족 현상이 야기됐기 때문이다. 1965년 폴란드, 1967년 헝가리, 1979년 모잠비크, 1980년 베트남과 소위 '상호경제협력조합(RGW: Rat für gegenseitige Wirtschaftshilfe)' 조약들

---

26 독일의 이주민 정책을 조사한 정윤희의 경우, 오랫동안 독일 정부의 이민 정책이 전체적으로 '거부'의 틀 안에서 제한적으로 이루어지다가 1990년 외국인법이 제정되고 1998년 국적법이 시행되며 2005년 이민법이 개정되어 이주 및 통합 정책의 근본적인 전환이 이루어졌다고 주장한다. 정윤희, 독일, 베를린의 다문화 정책 사례-배제에서 통합으로, 실린 곳: 국토 342(2010), 47쪽 이하 참조. 이 문제에 대해서는 이용일, 독일의 이주사로부터 우리는 무엇을 배울 것인가(2007)도 참조할 만하다(http://withmigrants.org/xe/29071).

이 맺어졌고, '사회주의 동지와의 협력'이라는 명목하에 앙골라와 쿠바와도 협약이 맺어졌다. 동독이 이들 노동자들을 데려온 목적은 제3세계의 사회주의 국가를 돕는다는 기치로 국제적 연대감을 보여주고 신생국가들의 독립과 경제적 번영을 돕는다는 것을 과시하기 위해서였다. 또한 이들 국가들은 동독으로부터의 경제 원조를 받고 이들의 월급을 받아 그 부채를 갚도록 하였다. 이들 계약은 각 정부와의 협약에 따라 개별적으로 이루어졌고 계약기간은 보통 2-6년 정도였으며 가족을 동반할 수 없었다. 이들은 공식적으로 '외국 계약노동자(ausländischer Vertragsarbeiter)'라고 불리며 서독의 '손님노동자(Gastarbeiter)'와는 용어상으로도 차별화되었다.[27] 이들은 대체로 켐니츠, 드레스덴, 에어푸르트 같은 공업도시에 보내졌다. 80년대 이후 약 20만 명의 베트남(이 중 6만 명으로 최대), 폴란드, 쿠바, 모잠비크 출신의 이주노동자들이 유입되었다. 그렇지만 전체적으로 보면 서독에 비해 일단 그 수도 적었고 사회주의의 계획경제에 의한 통제와 조절 때문에 사회가 구조적으로 예상치 못한 이주민 문제는 거의 발생하지 않았다. 동독을 떠나는 사람들의 수가 증가하고 동독 경제가 어려워지면서 80년대 이후에는 동독의 경제 활성화를 위하여 이들 노동자들을 주로 저임금노동자란 이유에서 동원했다. 이들 계약노동자들은 의류 공장, 신발 공장, 자동차 공장, 세탁기 공장 등 경공업 공장에서 일하거나, 도로를 건설하고 금속을 제련하고 원자력발전소를 조립하는 일에 동원되었다. 신생 사회주의 국가의 인력에게 선진기술을 전수한다는 명목으로 계약노동자를 데려왔지만 실제로는 동독 노동자들이 원하지 않는, 어렵고 단조롭고 위험한 일에 투입되었다. 화학 공장 부나(BUNA)에서 일했던 한 쿠바인 노동자는 "우리에게는 언제나 가장 어렵고 가장 더

27 이는 제3제국 시기에 다른 나라에서 강제로 데려온 '이방인노동자(Fremdarbeiter)'라는 용어와는 또다시 구분된다.

러운 일이 맡겨졌다"고 회고했다.[28] 수적으로 가장 많은 베트남인의 경우 주로 섬유 공장에서 일하였기 때문에 여성 노동자들도 많았다. 1981년의 경우 외국인 노동자의 2/3가 베트남인이었다. 동독은 순환원칙을 엄격하게 적용하였고 18-35세 사이의 젊은 인력, 대체로 미혼 노동자만을 받아들였다. 때문에 이민 2세, 3세의 문제는 거의 발생하지 않았다. 1990년 이후 독일 정부는 계약노동자를 고향으로 돌려보내는 정책을 도입하였으며 체류허가를 받은 사람들은 많지 않았다.

동독은 서독에 비해 외국인 노동자나 이주민의 수가 현저하게 적었다. 1970년의 경우 서독에 300만 명의 외국인 노동자가 있었던 데 비하면 동독에는 겨우 1만 4,000명이 있었고, 1989년에는 서독에 480만 명이 있었는데 동독에는 9만 3,600명이 있었다. 통일 직전인 1989년 12월 31일의 통계에 따르면 5만 9,000명의 베트남인, 1만 5,100명의 모잠비크인, 8,300명의 쿠바인, 1,300명의 앙골라인, 900명의 중국인이 동독에 머무르고 있었다.

통일이 되면서 이들 계약노동자는 가장 먼저 해고되었고, 기숙사에서 퇴거당했으며, 또한 통일 독일 사회에서 일어난 외국인 증오 및 적개심과 마주쳐야 했다. 그 결과 많은 외국인들이 귀국하여 1만 5,000명의 베트남인과 5,000명의 앙골라인과 모잠비크인만이 독일에 남았고, 이들은 꽃가게, 아시아 식품점, 옷감 가게 등 소매업을 하며 생계를 유지했다. 통일이 되고 7년이 지난 후에야 이들을 위한 정식 체류허가가 발급되기 시작하였으나 그동안 이들을 담당하는 부서도 없었고 이미 대부분은 동독을 떠난 뒤였다.

현재의 베트남인들은 대체로 동독 계약노동자들의 가족이나 후손이

---

28 Berliner Zeitung vom 22. 11. 2011, Beim Reden nicht so viel lächeln (http://www.berlinonline.de/berliner-zeitung/archiv/.bin/dump.fcgi/2008/1122/feuilleton/0009/index.html).

지만, 한때 서독에 대규모로 유입된 보트피플들도 있다. 90년대 초에는 독일 내 불법 담배 사업을 둘러싸고 베트남 마피아 사이의 폭력 사건이 있었고 언론에 크게 보도되기도 하였지만,[29] 대체로 베트남인들은 이민자 집단 중 가장 교육열이 높으며 성실하다고 인정을 받고 있으며, 독일 학생 평균보다 더 높은 비율인, 50%가 넘는 학생들이 대학 진학을 목표로 김나지움에 다니고 있다. 이들은 독일 사회에서 한국 출신 이주민과 마찬가지로 가장 통합이 잘 된 이주민 집단 중의 하나로 꼽힌다. 독일 사회가 인종이나 언어, 사회체제, 문화는 다르지만, 미래를 두고 볼 때 고국인 베트남보다 더 많은 가능성이 있다는 것이 이들로 하여금 독일에 남는 동기로 작용하였다.

4. 독일 유대인 문제의 특수성

"재난 후의 침묵은 의문스럽다. 남자들은 전쟁에서 돌아왔고 여자들은 폐허더미에 앉아 있었고 유대인들은 사라졌다."[30]

통일 직후 인종주의와 외국인 혐오증은 주로 가장 다수를 차지하는 터키인을 향한 것이었지만, 그 외의 다른 인종 집단들, 그리고 특히 오랫동안 독일 땅에 같이 살아온 유대인들에게도 해당되었다. 외국인, 이주민에 대한 테러가 번지기 시작했을 때 유대교 교회당, 유대인 묘지 등에 대한 훼

29 이에 대해서는 Susanne Ledanff, Berlins neue Internationalität und kulturelle Aufbruchsentwicklungen nach der Vereinigung, in: Kikuko Kashiwagi/Michael Wetzel (Hrsg.), Interkulturelle Schauplätze in der Großstadt, Paderborn 2015, S. 87-88 참조.

30 R. Schindel, Schweigen ins Gespräch verfieft. Anmerkungen zu Geschichte und Gegenwart des jüdisch-nichtjüdischen Verhältnisses in den Täterländern, in: Text+Kritik, Heft 144, München 1999, S. 6.

손이 급격하게 증가하였다. 이때 독일 내 유대인들이 느끼는 불안과 공포는 다른 외국인 집단에게서보다 훨씬 크게 나타난다. 이들은 제2차 세계대전 당시의 쇼아(Shoah, 유대인들은 '대학살'을 뜻하는 '홀로코스트'보다는 '파괴'를 뜻하는 이 단어를 주로 사용한다)의 공포를 여전히 기억하고 회상하지 않을 수 없기 때문이다. 그들에게 유대인에 대한 대규모 박해는 과거만의 문제가 아니라 언제나 다시 재현될 수 있는 현재형 공포, 미래형 공포로 생각되고 있다. 실제로 2002년 3월 베를린의 샤를로텐부르크에 있는 유대인 묘지에서 폭탄이 터져 근처의 유리창들이 파괴되고 묘지들이 손상을 입었을 때, 유대인중앙위원회장 미헬 프리트만은 '야만적 행위'라 비난하면서, 2002년에도 여전히 유대인 묘지에 테러가 행해지는 것을 보면 독일 내 반셈주의(Anti-Semitism)가 심각하다고 주장하였다.[31] 이미 1998년에 이 공동묘지에서는 독일 유대인중앙위원회장을 지낸 하인츠 갈린스키의 무덤에서 폭탄이 터진 바 있다. 두 사건 모두 결국 끝까지 범인은 밝혀지지 않았다.

현재 대부분의 유대인 독일 시민들은 대도시에 살고 자신들이—독일 사회에 동화된—독일인이라고 생각하지만, 독일 사회 내에 잠재된 반유대적 정서는 여전히 사회통합의 큰 문제가 되고 있다. 나치가 정권을 잡고 제2차 세계대전과 대규모의 유대인 집단학살을 겪으면서 독일 내에 체류하는 유대인의 수는 급감하였다. 베를린에서 유대인은 독일인과 결혼한 경우나 유대인 병원에 입원한 경우, 아니면 지하로 잠적한 경우가 전후에도 살아남았는데 그 수는 6만 5,000여 명에 불과하였고, 그 외에도 2,000명의 유대인이 집단수용소에서 살아남아 베를린으로 돌아왔다. 또한 동유럽에서도 약 20만 명의 유대인이 독일로 돌아왔는데, 그중 수천 명만 남았고 대체로 대부분은 미국이나 이스라엘로 이주하기 위해 잠시

---

31 Bombe auf Friedhof (http://www.nazis-im-internet.de/terror/anschlag.htm).

중간 기착지로 돌아온 것이었다. 동유럽에서 돌아와 정착한 유대인들은 신앙심이 강해 이미 서구사회에 동화·세속화된 독일의 유대인과 구별되었다. 동구권 하시디즘 계열의 유대인과 중부권 동화유대인계인 아슈케나지 계열 유대인의 차이라고 할 수 있다. 서베를린의 경우 1946년에, 동베를린의 경우 1952년에 각기 유대인 단체가 합법화되었다. 50년대에 소련에서 유대인 추방이 일어났고 그 여파로 동독에서도 유대인 추방이 일어나자 많은 유대인들이 서독으로 도피하였는데, 1953년 3월까지 560여 명의 유대인들이 동베를린에서 서베를린으로 이주하였다. 베를린 장벽이 세워진 후, 1963년 동독의 유대인 협회는 서독 유대인 협회와 분리되었다. 1988년의 경우 동베를린에 등록된 유대인 수는 200여 명이었고 서베를린에 등록된 수는 6,000여 명이었다. 통일이 된 1990년 동독과 서독의 유대인 협회도 통합되었고, 1997년부터 랍비 안드레아스 나하마(Andreas Nachama)가 유대인 베를린 공동체 의장이 되었다.[32] 이 해에 유대인 교회당이 있었던 유대인 구역의 중심지인 오라니엔부르크 거리에서 다시 유대인 거리 축제가 열렸고, 1999년 세계적인 건축가 다니엘 리베스킨트(Daniel Libeskind)가 설계한 베를린-크로이츠베르크의 '유대인 박물관'이 완성되었다. 이 박물관의 전시에서 과거에 대한 사회적·집단적 기억과 관련하여 새롭게 강조하는 것은, 유대인들은 독일 땅의 '이국적인 타자'가 아니라 이미 이들은 19세기, 20세기를 거쳐 오면서 독일 사회에 동화되어 살았던 '이웃'이었다는 것이다. 즉 이들은 유대인이면서 동시에 독일인이었던 것이다. 2005년에는 베를린 시내 중심가에 페터 아이젠만(Peter Eisenmann)의 설계로 살해당한 유대인을 위한 '홀로코스트 추모비(Das Holocaust-Mahnmal)'가 세워졌다. 수백 개의 콘크리트 기둥과 전시관으로 이루어진 이 기념비는 살해당한 600만의 유대인을 기억하기 위한

32 나하마는 1987년부터 진행된 나치의 유대인 학살에 대한 기억 프로젝트인 '테러의 지형학(Topographie des Terrors)' 책임자이기도 하다.

〈그림 3〉 베를린의 홀로코스트 추모비(Das Holocaust-Mahnmal)

것이다(그림 3 참조).

2016년 현재 독일 사회 내의 유대인은 약 10만 명으로 그 수는 많지 않다. 그것도 1990년부터 약 2만 5,000명에 머물러 있던 유대인이 현재 10만 명으로 급속하게 증가한 것이다. 이렇게 늘어난 것은 무엇보다도 소련에서 온 새로운 이민자들 때문이다. 통일 당시에 서독 정부가 소련 정부에 요청하여 소련 내 유대인들에게 독일로 이주할 자유를 주면서 거의 10만 명에 이르는 유대인들이 구 동독을 선택해 이주해왔다. 이는 구 동독 정부가 맺은 거의 마지막 협약에 의한 것인데, 이에 따라 구 소련에서 자신이 '유대인'이라는 이유로 차별을 받거나 박해를 받았다는 것만 입증하면 수에 제한 없이 모두 구 동독에 수용되었고 통합지원제도를 이용할 권리를 얻게 되었다. 소련에서 고르바초프의 페레스트로이카 정책이 실시된 이후로 유대인들의 외국 여행이 허용되면서 가장 많은 수는 이스라엘(80만 명)로, 다음으로는 미국(30만 명), 독일(20만 명)의 순으로 이동했다. 독일 내의 유대인 공동체는 90여 개가 되었고 새로운 시나

고그들이 세워졌다. 유대인 사회에서도 출생률이 점차 낮아지고 점차 노령화되어가는 가운데, 러시아(구소련)와 동구권으로부터의 대규모 유입은 독일이 프랑스와 영국에 이어 유럽에서 세 번째로 큰 유대인 공동체를 갖게 해주었다. 이는 또한 유럽 유대인 사회 중에서 유일하게 성장하는 공동체이기도 하다. 그러나 이 유대인 공동체들은 내부 갈등을 겪고 있는데, 무엇보다도 러시아 출신 유대인들 때문에 정체성 문제와 독일 사회로의 통합 문제로 골머리를 앓고 있다. 이들 유대인들은 종교적 관습이나 전통에 무지하고 이를 더 이상 지키려 하지 않기 때문이다. 이들 유대계 이주민들은 한편으로는 유대인 내 집단에서도 돼지고기를 먹는, 종교를 잊어버린, 사회주의계 유대인으로서 유대인 정체성 문제를 일으키고 있고, 다른 한편으로 이들은—사회주의 사회에서는 별로 겪지 못했던—독일 내의 잠재·은폐된 반유대주의에 고통을 받고 있다.

유대인 후세들의 정체성 문제는 보다 복잡하다. 예를 들어 유대인과 관련된 가장 중요한 기억이나 역사적 사실이 쇼아라 할지라도 유대인을 '희생자'로만 보는 것은 결과적으로 유대인 이미지에 부정적인 역할을 한다는 분석이 나와 있다. 때문에 역사가 라파엘 그로스(Raphael Gross)는 유대인, 유대인의 역사, 유대인의 이미지를 개선시킬 교육학적인 고찰이 필요하다고 말한다.[33] 이러한 의미에서 베를린 유대인 박물관의 전시 의도는 의미심장하다. 무엇보다도 비유대인들을 위해서 만들어진 이 박물관은 유대인들의 희생의 기록인 쇼아의 기억이 아니라, 지난 2,000년간 유럽에서 한편으로는 이웃으로 다른 한편으로는 이방인으로 살아온 유대인의 '삶'이 주제이기 때문이다. 떠돌이로서, 유랑인으로서, 행상인으로서 살았던 그들의 과거가 주요 전시 주제이다. 유대인들을 희생자일 뿐

33 희생자라는 말은 이 경우 거의 욕설에 가깝게 사용되고 있다. 그로스의 인터뷰에 관해서는 괴테 인스티투트 홈페이지(http://www.goethe.de/ins/il/lp/kul/mag/jld/umg/de2625340.htm) 참조.

만 아니라 동등한 시민권을 가졌던 이웃으로, 유럽인으로 기억하는 것은 미래의 화합을 위해서도 중요하다.

또 다른 중요한 초점은 이 책에서 다루는 유대인 문제와 외국인, 이주민 문제와의 연관성이다. 독일의 유대인 문제와 무슬림(혹은 터키인, 혹은 외국인) 문제를 동일 선상에서 바라볼 수 있는가의 문제는 독일 사회에서 오랫동안 터부시되어 왔고 이러한 터부화 자체도 문제시되었다. 사실 이 두 집단을 상대로 행해지는 독일의 인종(차별)주의와 타자성 논의, 이방인 집단의 주류사회로의 통합 논의, 그리고 미디어의 보도 방향 등은 그 유사성으로 인하여 많은 면에서 비교가 가능하다고 볼 수 있다. 수년 전 독일에서 일어났던 '관용의 한계' 논란은 이에 대한 독일 사회의 반응을 보여 준다.[34]

독일의 한 터키학 연구센터 소장인 파룩 젠(Faruk Şen)은 최근 터키 신문에 오늘날 유럽에서 터키인들이 받는 차별은 과거의 유대인들이 유럽에서 받는 차별과 비교해볼 수 있다는 논지의 글을 실었다. 이 글은 즉각적으로 많은 논란을 불러일으켰는데, 특히 독일 주류사회 측의 반응은 격분으로 특징지을 수 있다. 예컨대 노르트라인-베스트팔렌 주의 기민당 소속 통합담당장관 아르민 라셰트는 파룩 젠의 글이 '관용의 한계'를 넘어섰다고 비판하였다. 라셰트는 두 현상은 원칙적으로 비교불가능하다고 주장한다. 독일 내의 유대인 역시 마찬가지의 반응을 보였다. 이들이 주장하는 비교불가능성의 가장 중요한 근거는 역사의 중압감과 거기에서 나오는 책임감에 있다. 즉 독일에서 자행되었던 반인류적 범죄로서의 홀로코스트는 독일인과 유럽인들에게 역사상 전무후무한 현상으로 그 어떤 다른 현상과 비교될 수 없다는 것이다. 그러나 앞서 이론의 절에서 살펴본 프리드리히-에버르트 재단의 통계에서도 극우파와 민족주의

34 taz.de vom 08. 07. 2008, Grenzen des Akzeptablen (http://www.taz.de/1/archiv/digitaz/artikel/?ressort=me&dig=2008%2F07%2F08%2Fa0115&cHash=3732ba7c46).

논의에서 반유대주의와 외국인 증오를 같은 틀 안에서 살펴보고 있고, 현재 이주민 당사자들이 느끼는 동일한 문제의식을 살펴본다면 두 문제의 비교가능성은 원칙적으로 부정할 문제는 아니다. 다시 말해서 예전에는 유대인 문제와 이방인 문제를 별개로 간주하였으나 최근에 '외국인 증오(Ausländerfeindlichkeit)'를 대체하는 용어 '이방인 증오(Fremdenfeindlichkeit)'에서도 보듯,[35] 대상 집단을 공통적으로 지칭하고 있고 같은 선상에서 두 문제를 살펴볼 수 있는 여지를 준다. 오늘날 유대인 문제와 터키 이주민 문제를 동일선상에서 바라보는 것은 유대인 문제의 중요성과 역사성을 희석한다기보다는, 과거의 반복가능성으로서의 터키인 문제의 중요성을 부각시키고 독일 사회의 경각심을 불러일으킨다는 시각에서 중요하다.[36]

5. 통일 이후의 외국인 정책과 현실

통일 이후 독일의 외국인 정책은 정권에 따라 부침이 심했다. 통일 직후 1993년 기민당(CDU)과 자민당(FDP)이 보수 연정을 구성하였을 때 새로운 난민법을 통과시켰다. 난민의 유입을 규제하는 이 법의 내용 중 가장 중요한 것은 제네바 협약과 유럽 인권협약 보장 국가에서 온 자는 난민 신청을 할 수 없다는 것이다. 이 법으로 사실상 육로로 유럽에 들어온 자들은 독일에서 난민 신청이 불가능하게 되었고 실제로 신청자도 190만

35 R. Schami, Damals dort und heute hier. Über Fremdsein, Freiburg i.B. 1998, S. 67.

36 대량 '인민학살(Völkermord)'이라는 용어를 파룩 젠이 자신들의 터키사에 적용하는 것은 거부했다는 사실이 흥미롭다. 즉 아르메니아인에 대한 대학살은 유대인 학살과 비교되는 인민학살이 아니라는 주장을 폄으로써 역사학자 볼프강 벤츠 등의 비판을 받았다. 이러한 의미에서 이 책의 말미에서 다루는 소설가 세노작의 아르메니아인 학살과 유대인 학살 비교 및 인정은 중요한 진전이다.

명에서 110만 명으로 감소하였다. 그러나 또 한 번 갈지자 형태로 이민 정책 방향의 대전환이 일어나는데, 1998년 사민당-녹색당(Die Grünen) 연립정권이 들어서면서 독일은 드디어 이민국임을 인정하고 국적법도 개정하게 된 것이다. 즉 이 법에 따르면 2000년 1월부터 독일에서 태어나는 외국인 아이는 부모 중 한쪽이 적어도 8년 이상을 독일에서 합법적으로 거주하고 무기한 체류허가나 영주권을 소유하고 있으면 자동적으로 독일 시민권을 부여받는다.[37] 그러나 당시 야당이었던 보수적 기민당의 반대로 이 법에 제한 규정이 도입되었는데, 이에 따르면 해당자들은 24세가 되기 이전에 이중 국적 중 하나를 선택해야 했다. 2000년에 독일 국적 취득자는 전후 가장 높은 수를 기록했는데 18만 6,700여 명에 달하였다. 터키계가 가장 많았고 동구권 신청자가 그다음을 잇고 있다.

그러나 이와 같이 상당한 진전을 보인 독일 국적법이 자리를 잡기도 전에 미국 뉴욕에서 2001년 9월 11일 알카에다에 의한 대규모 테러가 일어나고 3,000여 명의 사상자가 발생했다. 이후 전 세계적으로 이민자들, 특히 무슬림 이민자들을 의심스러운 눈으로 보는 분위기가 조성되고, 긴장과 불안이 증가하였으며, 이슬람을 믿는 무슬림은 테러범이라는 고정관념과 헌팅턴(Samuel Huntington)의 문화충돌론이 확산되었다.[38] 이후 마드리드와 런던 등 유럽에서 일어난 일련의 테러 사건들도 서유럽의 무슬림과 관련지어졌다. 이러한 세계적 분위기 속에서 2004년 정권을 잡은

---

37 이중 국적 내지 다중 국적의 문제는 미국 같은 경우도 예외가 아니다. 현재 미국에 유입된 100만 명 이상의 이민자들 가운데 90%가 다중 국적을 허용하는 나라 출신이다. 제러미 리프킨, 유러피언 드림, 이원기 역, 민음사 2005, 353쪽 이하.

38 특정인 집단에 대한 선입견은 사회에서 강력하게 작동하며 계몽의 의지를 무력화시킨다. 라픽 샤미 같은 시리아 출신의 이주민 작가는 독일 사회가 아랍인에 대해 가지고 있는 선입견을 다음과 같이 말한다. “제가 아랍인들을 적대감이라는 맥락에서 이야기할 때에는 정확히 사람들의 머리에 꽉 박힌 선입견에 대해서 이야기하는 것입니다. 즉 이것은 아주 세심하게 만들어진 보기 싫은 사람의 이미지라 할 수 있는데, 권력(기름, 돈, 무기)을 가지고 있고 방탕하게(하렘) 살며 폭력적인 인간(굽은 칼과 긴 칼 아니면 수류탄과 로켓)의 이미지이지요.”

보수 기민당의 총리 메르켈은 다시 보수적 기조로 돌아갔는데, 청년당원 대회에서 "다문화사회 개념은 실패했다, 완전히 실패했다(Der Ansatz für Multikulti ist gescheitert, absolut gescheitert!)"고 선언하였다. 이는 사민당의 다문화주의 정책을 비판한 것으로서 정치적으로뿐만 아니라 이념적으로도 다문화주의에 대한 비판을 가한 것으로 볼 수 있다. 즉 다문화주의는 실제 독일 사회에서 관용의 폭을 넓히자고 주장하는 것이지만, 결과적으로는 주류사회와 이민자사회의 서로에 대한 무관심으로 귀결된 측면도 있다. 메르켈은 이와 달리 이주민들이 독일 사회와 주도문화에 적극적으로 통합되어야 한다고 주장하였고, 며칠 후 바이에른 주 기민당의 자매당인 기사당의 슈토이버도 이와 연계해 독일 문화를 사수해야 한다고 주장하였다. 그의 경우 독일어 능력을 통합의 가장 중요한 능력으로 보고 있다. 그러나 이주민들의 실제 현실은 이 책 II장에서의 문학 분석에서 보다시피 이러한 주류사회의 요구가 관철되더라도 다르게 전개됨이 자주 지적되고 있다. 다시 말해서 통합이란 이민자 집단의 문화적 동화와 더불어 주류사회의 이들에 대한 관심과 인정이 동시에 행해져야 하지, 한쪽만의 일방적 노력으로 이루어지는 것이 아니다. 메르켈의 기민당 정부는 외국인 정책에서 유럽 통합 정책을 전면에 내세우면서 소위 '그린카드'라는 것을 도입해 이주민도 선별적으로 유입하겠다고 선포하였다. 즉 이제까지처럼 사회 하층 계급의 일을 담당하는 단순노동자나 산업 예비인력으로서의 이주민이 아니라 전문적 지식과 능력을 갖춘 엘리트 집단에게 독일 이민을 허용하겠다는 것인데, 특히 인도 등의 첨단 정보기술 관련 인력을 고려한 것이었다. 그러나 실제로 이러한 고급 전문 인력들에게 이 정책은 별로 호응을 얻지 못했는데, 예를 들어 인도 엔지니어들은 추운 나라로 인식되는 독일을 다른 나라보다 선호할 이유가 없어 이 제도를 별로 이용하지 않았다. 결과적으로 이 정책도 실패한 것으로 간주된다.

2005년 기민당 정권하에서 독일에 거주하는 터키 공동체는 자신들의 공동체 조직을 보다 활성화하려는 시도를 하게 된다. 독일에 거주하는 유대인들은 오래전부터 유대인 중앙위원회를 공동체 조직의 모체로 삼아 통일된 목소리를 내고 있었다. 이들은 독일 내에서 소수 민족의 지위를 인정받아 자신들의 고유한 가치관과 생활방식을 유지할 권리를 획득하였는데, 이주민들도 이들 유대인 조직을 모범으로 삼고자 했다. 터키 공동체는 90년대 이후 일어난 터키인에 대한 방화 사건을 유대인에 대한 홀로코스트와 동일 선상에서 보고 소수민 지위를 얻기 위해 계속해서 노력하고 있다.[39]

제2차 세계대전 이후 서독으로부터 통일 독일로 이어져 오는 외국인 정책을 살펴보면, 전체적으로 장기적인 안목이 부재하고 새로운 사회를 예견하고 있지 못하며 그때그때의 상황에서 제기된 문제에 대응해 급조한 정책을 실시하여 대체로 실패의 연속이라고 평가받는다. 정치학자 슈테판 루프트(Stefan Luft) 같은 경우도 외국인 정책을 '통제되지 못한 독일 이주', '불만족스러운 통합'이라는 관점에서 문제점 위주로 고찰하고 있다. 정권이 바뀔 때마다 급격하게 바뀌는 노선 또한 이러한 정책의 실패에 일조하였다.[40]

앞서 살펴본 것처럼 근시적 안목에서 취해진 이주노동자, 외국인 정책은 많은 실책을 야기하면서 현재의 다문화사회를 배태하였다. 1990년 급작스레 이루어진 통일은 다문화사회에 영향을 주는 중요한 역사적 변화이면서 동시에 정책의 부재로 인한 공황상태를 초래했다. 비록 2015년 현재 통일 25주년이 지난 독일 사회는 유럽 사회에서 정치적으로나 경제적으로 가장 안정된 사회로서 상대적으로 평화로운 다문화사회의 모습을 띠고 있지만, 이러한 새로운 모습을 아직 자신의 현실로 받아들이지 못하는 독일 국민의 정체된 생각은 불안을 배태하고 있어 변화를 요하고 있다.

---

39 이때 불을 질러 방화한 행위는 유대인 절멸 시 강제수용소 화장터에 타올랐던 불길을 연상시킨다.

40 Luft, 앞의 책 참조.

6. 해결을 위한 논의들

1) 유럽 담론

그간 조화롭고 평화로운 독일의 다문화사회를 보장하기 위한 여러 해법들이 제시되었다. 이를 요약해보면 첫째는 독일보다 더 큰 통합사회로서의 유럽과 유럽 담론을 강화해야 한다는 입장이다. 이는 민족이나 민족 담론의 대립각에 위치한다. 민족은 '상상의 공동체', 즉 역사적으로나 문화적으로 근대 이후 유럽에서 '구성'된 공동체라는 이론적 주장에서부터 독일 민족주의의 실제 역사가 부정적·배타적 역사로 점철된 것을 지적하는 주장, 더 나아가 대안으로 유럽적 가치를 내세우고 현재 진행 중인 유럽연합 안에서 독일을 바라보는 다양한 시각들이 이에 속한다. 역사적으로 독일의 민족주의가 18세기 말, 19세기 초부터 20세기 초까지 진행되고 확산되면서 독일제국을 거쳐 실현되는 동안 확장일로의 길을 걸어왔다. 19세기 초에는 민주주의, 진보주의와 맥을 같이했다면, 1848년 시민혁명의 실패 이후 독일 민족주의는 주변국에뿐 아니라 자국 내의 소수집단에 대해서도 보수적이고 비자유주의적이며 공격적이고 배타적인 경향을 보여주었다. 이러한 과거에 대한 반성으로 1945년 전후에는 하나의 유럽이라는 보다 큰 범위 내에서의 통합 운동이 전개되었다. 즉 현재의 유럽연합은 평화로운 통합적 유럽을 보장하기 위한 정치적·이념적 목표를 그 뿌리로 두고 있으며, 경제적 관점에서도 독일 통일 이후 유로화가 도입됨으로써 유럽연합의 통합과정이 가속화되고 있다. 위르겐 코카(Jürgen Kocka) 같은 역사학자의 경우, 2010년 12월 13일에 한국 『교수신문』과 행한 인터뷰에서 밝히듯이 현재의 민족주의의 위기를 과거의 위기와 다르게 보고 있다.[41] 그는 제2차 세계대전 이후 독일이 독일의 '특수한

41 교수신문, 2010년 12월 13일 자, 독일, 타자 희생시킨 제국주의적 과거로 회귀할 위험

길(Sonderweg)'을 떠나 유럽의 여타 서구 모델을 따라갔다고 주장한다. 예를 들어 의회주의, 법치주의, 민주주의, 시장경제, 열린 경제, 비판적 공공성 등에서 그러하고, 동서독 통일 역시 이러한 서구적 가치에 정향된 유럽 통합 과정의 일부라고 보고 있다.

독일 통일과 시기적으로 동시에 진행된 유럽 통합을 지켜보면서 유럽이라는 더 크고 넓은 틀 안에서 해법을 제시한 이론으로 '유럽적 가치'(티비) 이론과 '유럽의 꿈'(리프킨) 이론을 들 수 있다.[42] 바삼 티비(Bassam Tibi)의 경우 '유럽적 주도문화(europäische Leitkultur)'라는 개념을 내세우고 다문화주의라는 명목하에 독일 사회가 사회 내부의 소수사회와 서로 대화가 없는 채 병렬사회로 발전하는 것을 우려한다.[43] 독일의 최근세사(史)가 독일적 가치를 전면에 내세우기 어렵게 만들고 있는 상황에서, 그는 유럽의 공통적인 인권사상과 민주주의, 기회평등 등을 유럽적 가치로 내세우며 이를 통하여 독일 주류사회와 소수사회가 서로 소통해야 한다고 주장한다. 티비 자신이 시리아 출신으로 독일에 귀화한 무슬림, 소위 유럽-무슬림으로서 무슬림들은 자기를 받아준 유럽 국가의 사회와 문화에 동화되어야 하며, 이때 이러한 유럽적 가치를 받아들여야 한다고 주장한다. 여기서 그의 '유럽적 주도문화'는 기민당 등이 주장하는 '독일적 주도문화'와는 구분되고 티비 자신도 이를 거부한다. 통합에 대한 독일 내

없어(http://www.kyosu.net/news/articleView.html?idxno=22033) 참조. 많은 독일의 지식인도 의견을 같이하고 있다. 그러나 현실과 대비해보면 이러한 유럽화 경향과 동시에 나타나는 작금의 민족주의적 경향을 어떻게 평가할 것인가라는 문제와, 과연 독일이 중심축 국가로서 유럽 통합이 요구하는 필요한 역할을 수행할 수 있는가 하는 문제가 대두된다.

42 B. Tibi, Europa ohne Identität? München 2002/리프킨, 앞의 책/남덕현, 유러피언 드림의 문화사적 토대와 보편성, 실린 곳: 유럽사회문화 5(2010), 127-153쪽 참조.

43 Tibi, 위의 책 참조. 괴팅겐 대학 교수로서 국제관계 전문가인 티비는 유럽의 근대문명을 제도적 근대와 문화적 근대로 나누면서, 제도적 근대는 이슬람 사회에도 이제 정착되었지만 나머지 반을 형성하는 문화적 근대는 그렇지 못한데, 유럽에 정착하고자 하는 무슬림들은 나머지 반의 문화적 근대도 존중해야 한다고 주장한다.

부의 첨예화된 문제는 동시에 진행된 유럽 통합의 문제와 같이 맞물려 사회의 이슈가 분산되면서 갈등을 일부 완화시킬 수 있었다. 즉 독일 사회보다 더 큰 범주인 유럽 시민으로서의 정체성을 강조함으로써 이들 이주민이나 인종 집단의 문제가 희석될 수 있었던 것이다. 제3제국의 비극 이후 어떠한 독일적인 주도적 가치나 민족적 가치도 내세우려 하지 않는 독일 사회 내부의 분위기에서 유럽적 가치를 독일적 가치로 새로 정립하자고 주장했던 티비의 이론은 많은 호응을 받았다.[44]

또한 비전과 열정을 내세웠던 '미국의 꿈'과 달리 다양함 속의 조화를 위해서 인내를 강조했던 제러미 리프킨(Jeremy Rifkin)의 '유럽의 꿈(european dream)' 논의도 상당히 적극적으로 논의되었다. 리프킨은 그의 책 서문에서 미국의 꿈에 대한 대척점에 유럽의 꿈을 내세우고 있는데, 미국의 꿈은 성격상 배타적이기 때문에 세계화 시대에 다른 나라가 공유하거나 다른 나라로 이식할 수 없기에 그는 유럽의 꿈을 지지한다. 이 꿈은 "삶의 질을 누리고 서로의 문화를 존중하며 자연세계와 지속가능한 관계를 형성하고 다른 사람들과 평화롭게 사는 것"을 목표로 하기 때문이다. 내용에 있어서도,

> 유러피언 드림은 개인의 자유보다는 공동체 내의 관계를, 동화보다는 문화적 다양성을, 부의 축적보다 삶의 질을, 무제한적 발전보다 환경 보존을 염두에 둔 지속가능한 개발을, 무자비한 노력보다 온전함을 느낄 수 있는 심오한 놀이를, 재산권보다 보편적인 인권과 자연의 권리를, 일방적 무력행사보다 다원

---

44 '우리도 아시아 공동체를 강조함으로써 유사한 결과를 얻을 수 있는가'는 생각해볼 만한 중요한 문제이다. 그 외에도 이와 관련된 소수의견을 살펴보면 통일 논의를 보다 폭넓게 철학적으로 자리매김할 필요성도 제기됐다. 앞서 주 8에서 언급한 학술대회에서 김형찬 교수는 "한반도 차원에서만 바라볼 것이 아니라 인류가 당면한 전 지구적 문제를 푸는 방향과 맥을 같이해야 한다"고 주장하면서 "친환경, 에너지 위기, 지속가능한 발전, 문화적 다양성, 창조적 자본주의, 핵무기 없는 세계 등의 문제를 놓고 세계와 호흡을 같이해야 할 것"이라고 말했다.

적 협력을 강조한다.[45]

그는 동시에 유럽의 꿈은 이미 중세 이후 오랜 역사에서 현실화된 근거를 가지고 있고, 68운동도 이러한 측면에서 그 뿌리 가운데 하나가 된다. 시민권과 유럽의 계몽주의적 가치를 문화갈등이라는 측면에 있어서 미국식 보복주의보다 관용, 타협과 협상, 인내, 공감대 형성을 지지하는 '유럽적 가치'는 여전히 유효성이 있다고 할 수 있다. 실제로 독일 내의 터키계 이주민, 프랑스 인구의 10%를 차지하는 이슬람계 주민, 영국 내의 파키스탄 출신 이슬람 주민, 스페인의 모로코 출신 이슬람 주민 등은 이 문제를 각 민족국가의 국경을 넘어 유럽적인 차원에서 고찰할 것을 요구하고 있다. 또한 유럽연합의 문화 정책 기조도 '문화통합과 문화다양성'에 있다.[46] 문화다양성은 다양한 문화가 공존하고 있음을 의미하고, 문화통합은 이 다양한 문화를 궁극적으로 하나의 공통된 문화로 수용하고자 함을 의미한다.[47] 1999년 노벨문학상을 탄, 사회비판적인 독일 작가 귄터 그라스의 경우 독일 민족주의를 벗어난 이러한 유럽의 길을 택한다.[48]

둘째는 탈근대, 탈구조주의, 탈식민 문화이론에서 나온 탈경계적·탈민족적·탈지역적 사고를 강조하는 것이다. 호미 바바(Homi K. Bhabha)나 아르준 아파두라이(Arjun Appadurai), 가야트리 스피박(Gayatri Spivak) 등 주

45 리프킨, 앞의 책, 12쪽. 물론 리프킨의 이러한 유럽의 꿈 논의는 그의 책의 부제에서도 보듯 '아메리칸 드림의 몰락'이라는 관점과 같이 살펴보아야 한다. 그는 유럽의 '삶의 질'이 높음을 이야기하는데, 미국과 달리 길거리에서 노숙자나 정신장애자들이 거의 눈에 띄지 않는다거나 비만인 사람의 수가 적다거나 삶에서 서두르는 사람이 없다거나 등을 지적하지만, 이때 그의 시선은 미국과의 비교에서 나온 것으로 결국 전형적인 미국적 시각이라고 할 수 있다.

46 박동준, 유럽연합의 문화통합과 문화적 예외 그리고 문화다양성, 실린 곳: 유럽사회문화 5(2010), 59쪽.

47 위의 논문, 69쪽.

48 귄터 그라스는 때문에 통일 이후 통일의 현장들을 하나하나 돌아다니면서 그가 목격한 민족주의의 발원현장을 묘사한다. 부정적 현실에 대한 작가의 답은 도피인데, 바로 나라 없는 유럽인 집시라는 제3의 길이다.

로 영미권 이론가들이 내세운 이 이론은 지역적·인종적·계급적 경계짓기에 대한 경고라 할 수 있으며, 탈민족적이고 탈경계적이며 유동적이며 흐르는 정체성을 강조하고 있다. 이러한 논의는 이론적 차원에서는 이미 본거지인 미국을 넘어서서 전 세계적으로 많이 이루어지고는 있으나, 다른 한편 미국 내에서도 학문과 이론의 게토에 머무른 채 주류사회의 정책으로 확산이 되지 않고 있고 이는 유럽에서도 마찬가지다. 특히 독일에서 이러한 탈식민주의 이론은 자국의 현실과는 큰 관련이 없는 이론으로서 학계에서도 국지적으로만 수용되는 형태이다.

마지막으로 셋째는 첫째, 둘째의 이론적 논거와 연관이 되어 있으면서 동시에 차별성을 보이는 관점인데, 현재의 다문화, 혼종 문화현실에서 나온 것이다. 즉 독일 내의 다양한 사회계층 중 이주노동자들의 후속 세대인 2세대와 3세대의 현실을 적극적으로 수용하는 것이다. 이들은 여전히 주류사회에 의하여 인종적으로는 타자로 간주되고 있으나, 스스로 이미 사회적·문화적으로 독일에 더 가깝다고 느끼고 있으며, 부모나 조부모가 떠나온 고향이나 민족국가와는 거리를 두고 있다. 이들은 부모들의 조국이나 현재 독일 중 어느 하나를 택하는 것을 거부하고, 자신들이 처한 다중적이고 서로 연결된 복합적인 관계를 수용하고 있으며 이를 인정해달라고 요구한다. 이들은 국적법의 개정으로 상당수 합법적으로 독일 시민권을 부여받았다. 그러나 국적을 부여받을 수 있는 경우에도 과거 19세기 서유럽 유대인들이 그랬듯이 독일 민족국가에 적극 통합되거나 동화되어 자신들의 고유한 문화적 정체성을 버리는 방식을 택하는 것이 아니라, 그들의 다양한 정체성과 복잡한 소속을 인정하면서 보다 자유롭게 사고하고 행동하려 하는 것이다. 이들의 이러한 지역적·탈민족적 정체성을 고려하는 통합의 논의가 필요한 시점이다.

2) 다문화성과 상호문화성

그러나 조화로운 다문화사회를 구상할 때 학술적으로나 사회 실제에 있어서 가장 많이 논의되는 것은 '다문화성(Multikulturalität)'과 '상호문화성(Interkulturalität)' 논의이다. 독일 주류사회는 여전히 자신들을 단일민족국가로 이해하고 있고, 이러한 상황에서 이주민들과의 융합을 위한 여러 가지 방식을 생각해볼 수 있다. 혈통주의, 통합주의, 다문화성 혹은 상호문화성의 노력이 그것이다.[49] '혈통주의(jus sanguinis)'는 출생과 혼인, 귀화 이외에는 시민권 부여를 제한하는 방식으로, 독일 사회는 오랫동안 이러한 입장을 취하다가 현재의 이민법 제정으로 속지주의 원칙을 일부 수용하였다. 통합주의는 '속지주의(jus soli)'와 시민권 개념을 기반으로 한다. 다문화주의는 이러한 다문화사회를 그대로 인정하는 것을 의미한다. 찰스 테일러(Charles Taylor)는 다문화주의란 "문화적 다수집단이 소수집단을 동등한 가치를 가진 집단으로 인정하는 인정의 정치"로 정의내린다.[50] 이 담론에서 상호 간 '인정(Anerkennung)'은 다문화주의의 핵심 개념이라 할 수 있다.

사회학자 슈테판 노이베르트(Stefan Neubert)는 독일에서의 다문화주의라는 용어의 의미가 실제로는 맥락마다 다르게 사용됨을 지적하고 다문화주의라는 개념의 사용을 구분하고 있다. 80년대 이후에 독일 사회의 새로운 현상을 설명하기 위하여 사용된 핵심 개념들은 우선 '공동체', '통합', '정체성', '차이', '인정', 그리고 마지막으로 '다문화주의'이다. 다문화주의라는 것이 미국이나 캐나다 등에서는 사회를 올바르게 이해하기 위한 사회구성원의 다문화적 조합이나 사회정치적인 결과를 이야기하는

---

49 유네스코 아시아 태평양 국제이해교육원, 다문화사회의 이해, 동녘 2008, 93쪽. 이 논문의 지적과 달리, 최근 독일에서는 상호문화성 논의가 활발하다.

50 박동준, 앞의 논문, 90쪽.

데 반하여, 독일에서는 90년대 이후부터 사용되기 시작한 용어이며 국지적으로만 사용되고 이미 도구화된 개념이라고 노이베르트는 지적한다.[51] 다문화주의는 이때 세계화 맥락에서 다문화사회의 정치 윤리학이라 할 수 있다. 그는 독일에서의 다문화주의는 여섯 가지 의미에서 생각해볼 수 있다고 정리한다.[52] 첫째, '위협'으로서의 다문화주의를 의미한다. 이때 인종적으로 균질한 민족개념에서 출발하면 인종적 혼합은 갈등의 요소로 나타난다. 독일의 기민당이 이끈, 이민자들이 독일의 주도문화를 좇아야 한다는 '주도문화논쟁(Leitkulturdebatte)'도 이에 속한다고 볼 수 있다. 기사당(CSU)의 구호 "바이에른-세계에 대해 열려 있고-외국인에게 친절하지만 다문화적이지 않다(Bayern-weltoffen-ausländerfreundlich aber nicht multikulturell)"에서 볼 수 있다. 둘째, 관용적-다원적 다문화주의를 들 수 있는데, 이러한 다문화주의는 자기 문화에 다양한 기회를 주고 자기 문화를 풍부하게 해준다. "다양하면 다양할수록 더 좋다(je bunter desto besser)"가 모토이다. 셋째, 사회 민주화를 위한 기회로서의 다문화주의는 정치적 차원으로 귀속되는 다문화주의인데, 이때 외국인 정책은 소수민 정책으로 대체된다. 구체적으로 사회적 차원에서는 차별과 불평등이 없어져야 하고, 문화적 차원에서는 이주민 소수사회가 독자적으로 발전할 가능성을 열어주어야 한다고 주장한다. 넷째, 극단적-보편주의적 다문화주의를 들 수 있는데, 계몽주의적 다문화주의로서 근본적으로 사회는 집단이 아니라 개인으로 이루어져 있다고 본다. 다섯째, 삶의 실천으로서의 다문화주의로서 이는 '내부자-시각'에서 재구성되어야 한다. 개인적 삶의 양식을 발전시키고 삶의 기록을 만들며 이를 다시금 사회의 변화의 과정과 연결 지어야 한다. 이러한 시각에서 보면 대도시의 하루하루는 다양한 전

---

51 Stefan Neubert et al., Multikulturalismus-ein umstrittenes Konzept, in: Stefan Neubert/Hans-Joachim Roth (Hrsg.), Multikulturalität in der Diskussion, Wiesbaden 2009, S. 9.

52 위의 논문, S. 20 이하.

통과 문화가 매 경우마다 새롭게 서로 녹아들어가는 장소이다. 여섯째, 학계에 널리 퍼져 있는 다문화주의로서, 인정에서 출발하는 규범적 입장과 후기 구조주의적 입장을 취하는 것이다. 타자와의 커뮤니케이션에 있어서 원론적인 '합일 불가능성(Inkommensurabilität)'에 주목한다. 즉 타자는 타자로 머물고 결코 자아가 될 수 없다는 것이다. 이들이 보기에 사회적 균질화나 통합이라는 구호는 환상이다. 실제로 다문화주의를 내세우는 사회의 단점으로는 철저한 상대주의로 흐를 때 생기는 분리주의, 서로에 대한 무관심, 게토의 형성 등을 들 수 있다.

실제 그간의 논의와 실제 현실에서 다문화주의, 다문화사회가 독일에서 어떠한 의미로 받아들여지는가를 생각해보면 다문화사회를 인정과 관용에 기반을 둔 이상향으로만 생각할 수는 없다. 여전히 한편으로는 다문화사회를 인정하라는 논의와 주장이 나오지만 주류사회의 시민들에게 다문화사회는 위협으로 느껴지거나 문화의 충돌이나 갈등을 의미하고, 혹은 서로 절대 융합할 수 없고 그래서 융합하기를 거부하는 무관심주의의 형태로 많이 나타나고 있기 때문이다. 이러한 사례들의 구체적 예는 이 책 II장의 문학 분석에서 많이 다루어질 것이다. 다문화주의의 실제가 보여주는 문제점에 봉착해서 미국과 달리 현재 독일에서 다시금 많이 논의되는 것이 '상호문화성' 논의이다. 다문화성과 달리 서로 간의 소통과 대화를 전제로 하는 상호문화성을 독일-이란 철학자 하미드 레자 유제피(Hamid Reza Yousefi) 같은 경우 다음과 같이 정의하고 있다.

> 모든 문화와 문화의 담지자로서의 인간의 역사적·현재적 관계를 그들의 완전한 동등함에 근거해 다루는 이론과 실천[53]

53 H. R. Yousefi/I. Braun, Interkulturalität, Darmstadt 2010, S. 124.

앞의 정의에서 중요한 것은 상호문화성은 문화와 문화담지자로서의 인간을 다룰 때 이를 동등성에 기반을 두고 연구한다는 것이다. 이러한 관점에서 상호문화성은 '자아(ich)'와 '이방인(der Fremde)'의 대립구도가 아니라 '자아(ich)'와 '타자(der Andere)'의 대립구도를 상정한다. 전자가 권력관계의 격차를 인정한다면 후자는 동등성을 강조한다. 서로 다른 문화와 공동체 간의 대화를 통해서 이해하고 접근해가는 상호문화성 연구는 독일 바이로이트 대학의 '상호문화 독어독문학(interkulturelle Germanistik)'을 필두로 교육학, 문학, 사회학, 철학 등에서 활발하게 논의되고 있으며 최근에 많은 연구결과들이 쏟아져 나오고 있다.[54] 예를 들어 문학이나 어학, 교육학에서 많이 다루는 '문제적 사건(critical incident)' 방식은 각 문화권에서 오해를 불러일으키는 사건들을 나열하고 참가자들에게 이 사건을 서로 다른 관점에서 보고 이해하도록 촉구하는 방법이다. 이렇듯 상호문화성을 중심으로 한 담론들은 다문화성이 표방하는 '인정'을 넘어서서 '대화'를 추구하고 서로의 '이해'를 촉구한다는 점에서 이론과 실천 모두에서 중요하다고 할 수 있다.

54 예를 들어 F. M. Wimmer, Interkulturelle Philosophie, Wien 2004와 Yousefi/Braun, 위의 책이 있다.

II

문학 속에 반영된 구체적 현실들

1. 통일 전후의 이주민 문학

'당사자 문학' 문제

독일 통일은 한국에서도 이미 많이 논의된 주제이며 문학과의 관련 속에서도 많이 다루어졌고 통일 이후의 문제도 그러한데, 특히 대체로 (구) 동독을 대상으로 이루어졌다. 그런데 통일은 주로 동독인에게 더 큰 문제로 부각되고 동독인들이 자신의 과거, 현재, 미래를 설명할 때 항상 서독과의 관계나 통일이 중요한 전환점을 이루고 있는 반면, 서독인들에게는 인지나 반응의 강도가 훨씬 약하고 개인사에서 이러한 역사적 사건이 차지하는 비중도 적다는 점이 흥미롭다. 이러한 차이에 대하여 기센의 교육학자 잉그리트 미테(Ingrid Mitethe)는 다음과 같이 말하고 있다.

> 동독의 정체성은 항상 서독이라는 허구적 존재 혹은 1989년 이후의 서독이라는 실제적 존재에 기대어 지탱해가고 있다. 서독의 정체성은 반대로 동독이라는 존재가 거의 완전히 사라진 데에 기반하고 있다.[1]

이러한 관계에 대해 '당사자 문학(Literatur der Betroffenheit)'이라는 용어를 통해 설명해볼 수 있다. 이 말은 원래는 샤미(Rafik Schami)와 비온디(Franco Biondi)가 1981년대 공동으로 발표한 논문의 제목에서 나온 것으로 정치적 색채가 짙다. 서독으로 일하러 온 제3세계 출신 '손님노동자(Gastarbeiter)'들은 일단 체류허가를 받았지만 미래가 보장되지 않은 거주민을 의미하며, 이주노동자와 난민들도 포함한다. 당사자 문학은 근본적으로 이주민들이 사회의 소수집단으로서의 자의식을 가지고 주류사회에 대항해 자신들의 언어로 자신들의 문제를 주체적인 시각에서 발언한다는 의미에서 사용했던 용어인데, 이를 동서독 관계에도 적용해볼 수 있다. 즉 이주민 문학은 비록 다수집단이 관심을 갖지 않더라도 소수집단 본인들에게는 절박한 자신들의 문제에 대해 자기의 입장에서 발언하는 자기주장의 문학, 자기표현의 문학인 당사자 문학인 것이다. 이와 관련하여 김누리의 경우 통일 독일 20년을 돌아보면서 통일의 열기가 가신 후 구 동독 지방에서 동독의 정체성과 가치가 다시 부각되는 현상을 지적하고 있지만, 이와 달리 독일 전체로 보면 최근의 경제위기와 더불어 전체 사회의 변화는 다시금 우경화 쪽으로 진행되고 있다.[2]

통일은 문학의 소재나 주제로서, 문학 내부적으로만 다루어진 것이 아니라 '볼프(Christa Wolf) 논쟁'[3] 등 여러 논쟁에서도 보다시피 작가와 주변 환경인 사회체제라는 면에서도, 즉 도덕과 사회적 인정 문제를 둘러싸

---

1 잉그리트 미테, 머릿속의 장벽-동독의 정체성 형성과정을 위한 허구적이고도 실제적인 서독의 존재, 실린 곳: 탈분단 통일 평화의 새로운 상상력, 서울대학교 통일평화연구원 국제심포지엄 자료집, 2011, 63쪽.

2 김누리는 '동구화', '좌경화', '사회민주주의', '국가중심주의화'라는 핵심어로 최근의 상반된 경향을 지적하고 있는데, 전체 흐름을 보면 당사자들의 상황에 따라 좌우로의 부침 현상을 보여주고 있다. 김누리, 동독의 귀환. 통일 이후 독일의 가치관 변화, 실린 곳: 괴테연구 제21집(2008), 204쪽 참조.

3 통일 이후 동독의 대표 작가였던 크리스타 볼프의 작품 『남아 있는 것(Was bleibt)』을 두고 벌어졌던 논쟁. 동독 공산당, 슈타지, 정치 체제 속에서 작가의 역할에 대한 열띤 공방이 벌어졌다.

고 문학 외적으로도 다루어졌다. 그러나 독일 통일이 동독인들보다 더 주변부에 속하는 집단이라 할 수 있는 비독일 출신 시민과 이주민들에게는 어떠한 영향을 미쳤는지, 이러한 소수집단 출신 작가들과 이들의 작품에 어떤 영향을 미쳤는지는 아직까지 국내에서 연구된 적이 없다.[4]

문학작품들은 앞서 살펴본 정책, 이론, 현실의 대립과 갈등을 개인들의 사적 삶을 통하여 세밀하고 구체적으로 보여준다는 점에서 매우 흥미롭다. 특히 이주 작가들은 다양한 방식으로 자신들이 살아온 삶과 현실을 구체적으로 표현하고 있는데, 사실성과 개연성이 보다 크게 담보되는 에세이나 논픽션, 자서전, 산문뿐 아니라 허구인 소설 등을 통해서도 주제화하고 있다. 이러한 문학작품들은 소수의 작품만 다룰 경우 대표성에 있어 문제가 제기될 수 있고 그 외에도 새로운 스테레오타입이나 선입견을 전달할 위험도 있지만, 정치나 사회의 거대 담론이나 분석 혹은 계량적 통계가 다루지 못한 개개인의 주름살 잡힌 다사다난한 삶을 전달해주기 때문에 그 생생함과 현실감에 있어서 비교할 수 없는 장점이 있다. 예를 들어 독일에서 전후 과거극복의 문제도 공적 담론에서는 계몽주의적 반성이라는 방향성이 두드러지게 보이지만, 실제 개개인의 삶을 살펴보면 그 다양하고 복잡한 역사는 이러한 틀에 따른 판단을 유보하게 만든다.

다음에서는 이주민 문학을 통일과 다문화사회라는 관점에서 살펴볼 것인데, 특정 작가에 집중하기보다는 여러 작가들과 작품을 살펴볼 것이다. 이주사는 단수의 역사가 아니라 복수의 역사이기 때문이다.[5] 작가들은 이주민이라는 공통점을 보여주는 동시에 출신 국가나 민족, 인종, 계급, 문화, 연령, 젠더에 따라 편차와 차이를 보여준다. 때문에 여러 계층, 여러 집단의 작품을 살펴보는 것이 중요하다. 또한 독일 작가들의 작품이

---

4 아직도 이들 이주민 집단의 문학에 대한 관심은 그다지 높지 않은 편이다. 더군다나 통일이라는 특정 주제와 관련해서는 연구가 거의 되지 않았다.

5 이용일, 독일의 이주사로부터 우리는 무엇을 배울 것인가(2007)(http://withmigrants.org/xe/data_02/29071) 참조.

아니라 이주민들의 작품을 주로 살펴본다. 사실 양측의 작품을 동시에 고려하는 것이 가장 이상적일 것이나 독일 주류작가들에게서는 이 문제를 진지하게 고찰한 작품을 찾아보기 어렵고, 귄터 발라프(Günter Wallraff)의 르포문학이나 하인리히 뵐(Heinrich Theodor Böll)과 스텐 나돌니(Sten Nadolny)의 소설들, 그리고 베르너 파스빈더(Rainer Werner Fassbinder)의 영화 정도가 있을 뿐이며, 전반적으로 소수에 불과하기 때문이다.[6] 그러나 독일 사회와의 관계는 이주민들에게 가장 중요한 문제로 나타나고, 이들은 통합과 적응, 갈등 문제를 가장 뼈저리고 고통스럽게 겪고 있으며, 그들만의 독특한 시각에서 통일 문제를 다루고 있는데, 학계에서는 아직까지도 거의 관심을 보이지 않고 있다.

전후 이주민들의 문학은 내부적으로도 큰 변화를 겪어왔다.[7] 이주노동자들은 초창기에는 그들의 모국어로 이주민 집단 내의 동료를 상대로 글을 썼다. 즉 그들이 손님노동자로서 공통적으로 겪는 소외, 향수, 언어 문제, 차별 등을 주제로 서로 외로움, 슬픔, 고통을 공유하고자 글을 썼다. 그러나 본인들도 예기치 않게 체류가 장기화됨에 따라 이민자 집단의 규모가 커지고 이민자로서 자신들의 사회적·정치적 문제를 자각하게 되면서 노동자문학운동을 일으키게 된다. 라픽 샤미, 프랑코 비온디 등을 중심으로 뭉친 이들 문학의 특징은 작가들의 성향에서도 드러나는데, 작가들은 대부분 고국에서 고등교육이나 문학교육을 받지 않은 노동자층이었고, 타지에서 글쓰기를 시작한 경우도 많으며, 때문에 이들의 문학은 고국의 주류문학계와 주류문학의 흐름과는 단절된 것이었다. 오타 필립

6 실제 독일 사회가 유대인 문제 등에 있어서는 아시아의 모범이 될 정도로 각성한 자세를 보여주지만, 이 같은 과거의 문제가 아닌 현재의 시급한 문제인 다문화사회, 외국인 문제 등에 대해서는 거의 논의가 되고 있지 않다.

7 자세한 것은 박정희, 최근 독일어권 문학에서 이주민 문학의 현황, 실린 곳: 독일문학 제91권(2004), 187-206쪽/졸고, 독일 이민문학의 현주소, 실린 곳: 독어교육 제35집(2006), 425-444쪽 참조.

(Othar Philipp)이나 요코 타와다(Yoko Tawada)처럼 모국어로도 글을 쓰고 독일어로도 글을 쓰는 이중 언어 작가들은 이들 가운데 예외적 존재라 할 수 있다. 2009년 노벨문학상을 수상한 헤르타 뮐러(Herta Müller) 역시 다문화시대의 작가로, 이주민 작가로 분류할 수 있다. 뮐러는 루마니아의 독일인 소수집단인 바나트족 출신으로, 루마니아어와 독일어를 사용하지만 문학어로는 독일어를 사용하는데, 이는 루마니아어의 영향을 받은 혼종적 언어이다. 뮐러는 자신을 둘러싼 상황의 문제점을 주로 유년 시절을 대상으로는 시골의 보수적인 소수민 집단에서 겪은 억압적 체험들, 이후로는 대학생이 되어 도시로 이주하면서 겪은 사회주의 정치의 반대파에 대한 탄압, 이에 대한 반항, 비판 등을 주로 다루고 있다. 뮐러뿐 아니라 최근의 이주민 작가들은 내용이나 주제, 성격, 언어에 있어 다양하고 넓은 스펙트럼을 보이고 있다.

이주민 문학은 사용된 언어가 외국어인 경우가 많고, 또한 자기표현이나 자기주장으로서의 의미만 깊을 뿐 문학적 성과가 낮아 초창기에는 독일 문학계에서 큰 주목을 받지는 못했었다. 그러나 점차 연륜이 쌓이고 글쓰기가 깊어지면서 이들은 문학의 집단성·정치성·사회성보다는 문학성을 더 우위에 두게 되고 본격적으로 전업 작가로 나서게 되었다. 헤르타 뮐러, 에미네 세브기 외즈다마(Emine Sevgi Özdamar), 페리둔 자이모글루(Feridun Zaimoglu), 요코 타와다, 블라디미르 카미너(Wladimir Kaminer) 등은 최근에 출판된 독일 문학사에도 언급되는 중요한 작가가 되었다.[8] 이들은 문학적으로나 문학사회학적으로 중요한 현상이 되었고, 최근에는 이민 2세들의 활약도 두드러진다.

다음에서 이들 이주민 작가들의 문학작품을 통일과 관련시켜 살펴보면, 이들은 이제까지 다루어지지 않았던 통일의 또 다른 측면들을 주제화

8 Wilfried Barner, Geschichte der deutschen Literatur von 1945 bis zur Gegenwart, München 1994, S. 997.

한다. 장벽의 무너짐과 사회변화에 대한 반응, 외국 출신 이주민에 대한 독일인들의 테러, 이주민 입장에서의 다문화사회 구상, 이민 2세들의 지역적 정체성, 독일보다 더 큰 단위인 유럽인으로서의 정체성 등이 작품을 살펴볼 때 핵심어 역할을 할 것이다. 모든 작품에서 공통 주제로 다루어진 것은 통일 이후 사회에 다시 제기된 외국인으로서의 정체성 규정 문제와 새로운 낯섦이다. 독일에서 최초로 독일 통일과 터키 사회의 문제를 다룬 박사학위논문을 쓴 실(Nevim Çil)의 경우도 본인이 이주민 출신인데, 권위 있는 일간지인 『타츠(taz)』와의 인터뷰에서 자신이 겪은 변화를 다음과 같이 적확하게 설명하고 있다.

> 제 친구들 사이에서조차도 "아, 그래, 어떻든 이제 보트는 꽉 찼다. 독일에는 외국인들이 너무 많이 살고 있어"라는 생각이 갑자기 든 것이지요.[9]

다음에서 제일 먼저 베트남계 이주민의 사례를 살펴보게 될 것이다. 이들은 구 서독이 아니라 구 동독에 계약노동자로 와서 장기 체류를 결심하고 남아 이주민이 되었다는 점에서 특별하며, 무엇보다도 우리와 같은 아시아인으로서, 백인 위주의 독일 사회에서 동양인으로서, 인종적 타자로 관심을 끌고 있다. 다른 이주민들이 주로 동구권에서 많이 건너왔고 인종적 문제를 덜 다룬다는 점을 살펴볼 때 훙 구르스트(Hung Gurst)는 한국 독자들에게 흥미로운 작가라 할 수 있다. 실제로 독일 내 아시아 출신 이주민으로서는 베트남인과 한국인이 가장 큰 집단을 형성하고 있다.[10]

---

9 N. Çil, Die Mauer fiel uns auf den Kopf (http://www.taz.de/1/archiv/?id=archivseite&dig=2004/11/08/a0246).

10 그 외에 구 동독에서 활동한 이주민 작가로는 아델 카라숄리(Adel Karasholi), 갈잔 취낙(Galsan Tschinag), 라즐로 취바(László Csiba) 등이 있으며, 각기 시리아, 몽골, 헝가리 출신의 작가들이다. 거의 모든 작가가 동서독 시절에 활동했고, 혹은 통일 독일

그다음으로 유대인 문제를 살펴보도록 하겠다. 현재 독일에서 활동하면서 유대인으로서의 정체성을 주요 주제로 삼고 있는 작가로는 바바라 호니히만(Barbara Honigmann), 라파엘 젤리히만(Raphael Seligmann)을 들 수 있지만, 문학성을 가장 인정받는 작가는 바로 막심 빌러(Maxim Biller)이다. 그는 나치의 유대인 대학살인 쇼아 이후 독일, 체코, 러시아, 미국, 이스라엘 등 여러 나라로 떠돌아다니는 유대인의 유랑적 삶을 대단히 집중적이고 심층적이고 집요한 언어로, 또한 구체적으로 서술한다. 그의 작품은 대개 현대 유대인의 역사를 치밀한 자료 조사를 바탕으로 사실에 입각해 예리하고 날카로운 필치로 거침없이 묘사하고 있으며, 자기비판의 특징도 강해 유대인들의 깊은 상처까지 심리적으로 파고드는데, 이때 슬픔이나 비판보다는 부조리, 허무, 아이러니 혹은 소름끼치도록 번뜩거리는 블랙유머를 통해서 보여준다. 이 책에서는 유대인 문제와 관련하여, 현재 독일 언론 및 미디어에서 큰 영향력을 발휘하고 인지도가 높은 두 작가 막심 빌러와 블라디미르 카미너의 대표작을 중심으로 살펴볼 것이다. 전자는 유대인의 전통을 문제시하는 정통 유대인을 대표한다는 점에서, 또한 글쓰기와 문체에 있어서 진지함과 검은 유머가 돋보인다는 점에서 차별성이 있고, 후자는 최근 동구권에서 유입된 '세속화된 유대인'으로서 가벼운 문체, 그러나 반어가 가득한 유머가 돋보인다는 점에서 과거 극복과 통일 현실을 바라보는 시선에도 분명하게 차이를 보여 흥미롭다. 전자의 경우 전문가들에게 주목을 받고 있다면, 후자의 경우 거의 메가 베스트셀러 작가로 꼽힐 정도로 대중성이 높아 많은 독자들에게 읽힌다는 점에서도 차이가 있다.

마지막으로는 통일과 이주민 문제를 현재 독일 내에서 가장 큰 커뮤니티를 이루고 활발하게 자신들의 목소리를 내는 터키계 작가들의 작

의 문학계에서 지속적으로 자신의 목소리를 내고 있다.

품을 통해 살펴볼 터인데, 주로 자퍼 세노작(Zafer Şenocak), 에미네 세브기 외즈다마, 그리고 이민 2세 작가인 야데 카라(Yadé Kara) 등을 중심으로 한다. 그중 세노작은 처음부터 시인이자 번역가, 수필가로 널리 알려져 있고 많은 언론매체를 통하여 독일 사회의 현 상황과 변모에 대해 공개적으로 비판을 서슴지 않고 있다. 외즈다마의 경우 가장 대표적 이주민 작가로 문학성을 인정받았으며, 동서 베를린을 오가며 이방인의 시각에서 젊은이들의 삶을 전달했고, 특히 유년 시절에 대한 대표작을 통하여 독일인이 터키 여성에 대해 가지는 클리셰를 깨부수었다는 점에서 흥미롭다. 다시 말해서 기존 독일 사회가 가지고 있는 가부장적이고 여성억압적인 선입견에 반대하여 터키의 모계를 중심으로 한 다른 전통 문화를 보여준다는 점에서 독일의 일반 독자뿐 아니라 독일의 터키 독자들에게 큰 호응을 얻었다. 카라의 경우 통일 그 자체를 이민 2세들의 시각에서 본 대표적 전환기 문학이라 할 수 있다.

2. 구 동독과 베트남인: 훙 구르스트

1) 동독의 베트남인들

1989년 동독에 있던 9만여 명의 계약노동자들은 대부분 베트남, 앙골라, 모잠비크, 쿠바에서 왔지만, 그 외에 폴란드, 헝가리, 북한, 중국 출신들도 소수 있었다. 이들은 한편으로는 어려운 가정 사정을 해소하려는 개인적 목적도 있었지만, 다른 한편으로는 선진 사회주의 국가를 경험하고 배워서 고국의 낙후된 경제를 일으키겠다는 애국적 목적도 적극적으로 가지고 있었다. 또한 베트남인 같은 경우에는 미국과의 전쟁에서 자신들을 후원해준 동지 사회주의 국가를 알고 싶다는 소망도 피력했었다. 동독은 사회주의 국가들 간의 형제애를 강조하여 낙후된 사회주의 국가를 도와준다는 관점을 강조하였고, 그러한 한 이 파견은 노동자들에게도 명예로운 일로 여겨졌다. 그러나 이들 외국인 노동자들이 동독에서 산업 분야의 전문 직업교육을 받고 본국으로 돌아가 자국의 경제를 활성화하는 의무를 가졌던 초창기와는 달리, 만성적인 노동력 부족에 시달리는 동독 사회의 거칠고 힘든 일들을 도맡아 하게 되면서 이러한 부가적 의미의 중요성이 줄어들게 되었다. 대체로 구 동독에 사는 외국인들은 노동자로서 다른 일반 노동자들과는 거주지부터 분리되어 별도의 구역에서 살았기 때문에 본토인과의 접촉이 없었다고 전해지지만, 물론 예외적인 경우도 존재했었다.[11]

구 동독에서 가장 큰 외국인 집단을 구성했던 베트남인들의 경우 동독 사회와 경제에 기여한 그들의 과거뿐 아니라 같이 살고 있는 현재의 그들 존재 자체도 잊혀졌다고 할 수 있다. 그러나 최근에 들어서는 예술, 정치, 언론 분야에서 베트남 출신들의 활약이 가시화되고 있다. 예를 들어 베를린의 시경제장관이었던 필립 뢰슬러(Philipp Rösler)의 경우 베트남 출신 입양아이며, 작가 중 쿠베 두 룰루(Que Du Luu)는 보트피플 출신이고, 작가 홍 구르스트는 계약노동자로 동독에 와 장기체류를 하게 된 경우라 이주배경이 다채롭다. 특히 홍 구르스트는 작품 내에서 고향 베트남에서 보낸 유년 시절과 과거, 또한 전쟁에 대한 기억에 대해 서술하고 있다.[12]

베트남인들은 앞서 살펴본 1992년 로스토크 시의 구역인 리히텐하겐에서 있었던 극우파 테러의 가장 큰 피해자 집단으로서 이 사건에서 큰 충격을 받았지만, 대다수가 독일 측에서 제공한 귀국지원 정책을 이용하

---

11 심지어는 1950-1953년까지 북한도 유학생들을 동독에 파견하였다. 한국 언론에 크게 보도된 적이 있는 레나테 홍과 북한 출신 유학생의 사랑도 이러한 교류관계에서 비롯되었다.

12 유년 시절의 기억을 담은 단편들을 모은 작품집으로 대표적인 것이 『돌발 사건(Der Zwischenfall)』이다. H. Gurst, Der Zwischenfall, Stuttgart, 1993.

기보다는 독일에 남는 길을 선택했다.[13] 이들에게는 급격하게 위협적으로 바뀐 사회적 분위기에서 인종과 문화, 체제가 다른 국가에 남아 겪을 어려움과 공포가 있었음에도 불구하고, 귀국 후 고국에서 겪을 미래의 암담함을 생각했을 때 미래의 경제적 안정과 성공을 기대하고 독일에 잔류하는 것으로 결정을 내렸다.

이들 주류사회에서 잊혀진 구 동독의 계약노동자 베트남인들에 대한 집단적 기억을 회복하고 그들의 업적과 삶을 기억하기 위하여 전시회가 열린 바 있다. 2008년 베를린에서는 〈형제국가가 무너져 내렸다(Bruderland ist abgebrannt)〉라는 제목으로 전시회가 열렸는데, 부제는 "동독의 경제는 그들 없이는 생각할 수 없다. 그러나 아무도 그들에게 감사하다고 하지 않는다"였다. 이 전시회는 구 동독에서 일했던, 베트남, 앙골라, 모잠비크, 쿠바, 폴란드, 헝가리, 북한, 중국 출신의 9만여 명 '계약노동자'들의 당시 및 통일 이후의 삶을 글과 사진으로 보여주었다. 이 전시회를 보도한 『베를리너 차이퉁』이라는 신문은 한 베트남 계약노동자가 새롭고 낯선 환경인 동독에 도착해서 느낀 감정을 2008년 11월 22일 자로 다음과 같이 적고 있다.

> 베를린-쇠네펠트에 도착했을 때 나는 충격을 받았다. 공중에는 어디에선가 하얀 송이들이 바람에 따라 나부끼고 있었다. 나는 이 공장의 포장재가 이러다가 땅을 다 뒤덮겠네라고 생각했다. 나무들도 잎새가 없었다. 그래서 나무들이 다들 곧 죽어버릴 거라고 생각했다. 다음날에야 비로소 지금 계절이 겨울이라는 것, 하얀 송이들은 눈송이였다는 것, 그리고 봄이 오면 나무들이 새 잎을 달게 된다는 것을 물어보아 알게 되었다.[14]

---

13 이들 이주노동자들 외에도 소위 베트남 보트피플들이 인도적 차원에서 수용되어 서독에 4만 명가량 정착하였다.

14 Berliner Zeitung vom 22. 11. 2008, Beim Reden nicht so viel lächeln (http://www.berliner-zeitung.de/eine-beruehrende-ausstellung-erzaehlt-die-geschichte-der-ver-

본국에서 두 딸과의 생계조차 해결할 수 없었던 모니크 루프트(Monique Huyen Luft)는 1987년 처음으로 '형제의 나라' 동독에 오게 된다. 그녀는 6만여 명의 다른 베트남 동포와 마찬가지로 동독으로 오는 행운을 잡은 것이다. 그러나 따뜻한 남쪽나라 베트남에서 온 루프트에게 추운 나라 독일의 하얀 눈은 처음 보는 이색적인 겨울풍경이었고 나뭇잎이 모두 떨어져 앙상한 나무들도 마찬가지였다. 기후, 언어, 음식, 사람들과의 교제 등 모든 것이 베트남의 계약노동자들에게는 낯설었다. 경제적 격차를 반영한 세계의 갈등을 남북 문제라 표현한다면, 저자가 겪은 따뜻한 나라와 추운 나라 사이의 이질성은 이러한 남북 문제를 기후로 표현해준다. 베트남에서 수의사였던 루프트는 동독에서는 가전제품 공장에서 노동자로 일하였고, 통일 이후에도 남아 독일인과 결혼하고, 가족을 데려오고, 변호사가 되었다.

초창기에는 독일 사회에 적응하기 위하여 베트남인들은 많은 차이를 인식해야 했고, 새로운 사회에 적응하기 위하여 언어상·문화상의 차이뿐 아니라 사소한 관습상의 차이도 새로 배워야 했다. 심지어 미소의 의미도 다르다. 베트남 출신 이주민들에게 독일과의 문화차이를 가르치는 베트남 출신의 한 교사는 이러한 차이의 대표적 예로 '웃음'을 가르친다. 즉 이는 독일과 베트남이라는 서로 다른 문화에서 오해를 불러일으키는—소위 말하는 문화적 차이를 보여주는—'문제적 사건(critical incident)'이 되는 것이다.[15]

말할 때 너무 많이 웃으면 안 됩니다. 그러면 독일 사람들은 별로 진지하지 않은 사람이라고 생각해요. 우리나라에서는 좀 불안하거나 뭔가 잘못했을 때

---

tragsarbeiter-in-der-ddr-beim-reden-nicht-so-viel-laecheln-15441310).

15 이에 대해서는 이 책 I장 중 상호문화성 논의 참조.

웃곤 하는데 말입니다.[16]

동독 당국은 동독에 도착한 계약노동자들에게 사회주의 체제의 통제 하에서 집단생활을 강요하였다. 계약노동자들은 도착 즉시 여권을 압수 당했고 기숙사에 집단 수용되었다. 밤 10시에는 통행금지가 적용되었고 비밀경찰이 그들을 감시했다. 베트남인 중 상당수가 여성 노동자였고 이들은 섬유 공장에서 일을 했다. 이들이 임신을 했을 경우는 강제로 낙태 수술을 받아야 했는데, 1년에 약 300여 건의 낙태가 행해졌다. 동독 주민과의 교제는 되도록 피하도록 지시를 받았다. 전체적으로 베트남인들은 근면하고 독일 생활에 잘 적응했다고 인정을 받았고 쿠바인들은 그렇지 않다고 간주되어, 전자의 계약만이 연장되고 후자는 계약이 연장되지 않았다. 동독인들은 자신들과 접촉이 거의 없는, 항상 미소를 짓고 수줍어 보이는 베트남 사람들을 더운 나라 피지에서 왔다고 오인하여 '피지인(Fidschis)'이라 불렀고, 삶을 즐기는 것으로 보이는 쿠바인들은 여피족의 일종인 '구피들(Guppies)'이라고 불렀다.

베트남인들은 대체로 독일어에는 서툴렀다. 다음에 인용하는 러시아계 이주민 작가 카미너의 「쇤하우저 알레의 행상인」은 러시아계 이주민 출신의 작가가 자신의 주변에서 목격하는 베트남 이민자 집단을 묘사한 글이다. 카미너는 자신이 사는 구 동베를린의 노동자 구역에 속하는 쇤하우저 알레의 일상을 묘사하고 있는데, 통일 후 처음에는 주거비용이 저렴한 지역으로 알려져 있다가 구 동베를린이 재개발되면서 어떻게 변모하는지를 관찰한다. 그는 거리에서 흔하게 보는 베트남인 채소상을 묘사하고 있다. 자신의 특유한 문체로 베트남인과 이들을 바라보는 독일 일반 시민사회의 전형적 클리셰를 반영하여, 다시 말해 베트남인과 독일인을

---

16 이 장 각주 9의 신문 기사 참조.

제3자의 입장에서 위트와 유머, 풍자가 가득한 반어적 문장들로 묘사하고 있다. 이 글을 읽어보면 이주민 가운데서도 인종적으로 눈에 띄게 다른 동양인들을 어떠한 편견과 선입견을 가지고 바라보는지를 알 수 있다.

> 베를린에 특별한 일이 하나 일어났다. 오랜 휴지기간을 거쳐 베트남의 행상 체인점으로, 이름이 '식품점'이라 붙은 식품점들이 이 수도의 동쪽 지역에서 마구 퍼져나가고 있는 것이다. 우리 집이 있는 쇤하우저 알레도 마찬가지다. 이전의 '어린이 천국' 가게가 소비자를 무시하다가 결국 문을 닫은 후에 쇼윈도에는 커다란 종이가 나붙었다. "다음에 이 자리에 식품점이 문을 엽니다." 이미 첫날에 나는 가게를 운영하는 다섯 명의 베트남 사람들을 알게 되었다. 네 명의 남자와 한 명의 여자. 모두 다 용감무쌍한 행상인들이라 할 수 있다. 비록 언어적 지식이 완벽하게 부재하고 셈 능력 또한 대단히 부족하지만—어쩌면 바로 그런 이유로—이 가게는 언제나 사람들로 가득 차 있다. 손님들이 자신의 물건구입이라는 행위를 끝마치려면 적어도 반 시간은 걸려야 한다. "이 버섯 가격만 알려 달라니까요"라고 젊은 남자가 버섯 상자를 손에 들고 열다섯 번이나 짜증을 내면서 물어보고 있다. 그러나 계산대 옆에 서 있는 두 명의 베트남인, 즉 계산하는 여자와 그 여자의 젊고 친절한 계산통역자는 손님이라고 해서 특별히 신경을 더 쓰지 않고 계속 우아하게 침묵을 지키고 있다. 세 번째 상인은 채소에만 온 신경을 집중해 몰두하고 있다. 이때 그가 할 수 있는 유일한 독일어 문장이 손님에게 던져진다. "이게 더 나으신가요?" 대부분의 독일인들은 정말 재수 없을 정도로 고르고 또 고르고, 사과 두 개 가운데 절대로 그 어느 하나를 선택할 수 없기 때문에 이 문장은 언제나 쓸모가 있다.[17]

---

17 W. Kaminer, Schönhauser Allee, München 2001, S. 12-13.

베트남인들 중 상당수가 정착 초기에 식품점, 채소 가게, 꽃 가게를 열었다.[18] 독일 사회에서 비교적 진입장벽이 적고 공동체를 구성해 상품을 조달할 수 있는 소매업종이기 때문이다. 터키인들이 채소 가게나 복사 가게를 여는 것과 마찬가지이다. 이들은 나름대로 동향인끼리의 연결망을 구축하고 특정 소매업종에 집중하여 장사를 하였다. 앞 인용글의 풍경은 베트남인들에 대한 주류사회의 선입견, 클리셰가 어떻게 구성되어 있는지를 보여주는데, 우선 이민자 집단 내에서도 말이 통하지 않는, 의사소통이 되지 않는 집단으로 묘사됨을 알 수 있다. 이러한 이미지는 이 작품에만 해당되는 것이 아니다. 미국에서 나온 많은 소설들도 한국인을 포함한 아시아인에 대해서는 침묵하는, 말이 통하지 않는, 때문에 그 내면을 알 수 없고 서로 대화를 통해 의사소통할 수 없는 외국인, 낯선 이방인으로 묘사한다. '침묵하는 아시아인'은 다른 의미에서도 의미심장하다. 침묵한다는 것은 언어 위주의 자기주장을 하는 서구사회에서 자신을 표현할 수단이 없다는 말이고, 표현수단이 없다는 것은 그들이 주류사회와 소통할 수 있는 언어를 가지지 못했다는 말이기 때문이다. 이는 실제로 개인들이 언어를 잘 구사할 수 있는가의 현실적 문제를 넘어서 한 소수집단이 자신을 표현하고 주류사회와 대화와 소통을 하여 상호적으로 문제를 풀 방법이 없다는 것을 의미한다. 이들에 대한 이미지는 주류사회의 일방적 시각에서 나온 것이지만 결국 그대로 굳어지고, 주류사회는 소통부재의 문제를 이들이 침묵했기 때문이라는 논거를 대고 그들에게 책임을 미룬다.

18 베트남인들은 이 외에도 담배 마피아라는 부정적 이미지도 가지고 있는데, 이러한 조직을 운영하면서 90년대 초에 그들끼리 벌인 마피아 전쟁에 대해서는 저널리스트이자 소설가인 슈테판 마우스가 소설 『모두가 마피아. 베를린 베트남 구역의 갱스터 랩소디』에서 묘사하고 있다. 이 소설은 드물게 독일인 작가가 이들 베트남 사회에 대해 묘사하고 있지만, 팝 소설로 분류되고 폭력적이고 부정적인 묘사로 인하여 독자나 비평계에서 거의 주목을 받지 못했다. S. Maus, Alles Mafia! Eine Gangsta Rhapsodie, Berlin 2000 참조.

베트남인들에 대한 또 다른 클리셰는—자주 일어나는 아시아인들에 대한 유럽인들의 선입견처럼—그들의 개성이 없다는 것이다. 이는 마찬가지로 한국인 같은 다른 동양인에게도 해당이 된다. 서양문화가 개인주의에 바탕을 두었다면 동양문화는 집단주의에 바탕을 두었다는 서구식 이분법도 동시에 작용한다. 독일인이라면 한 명 혹은 부부가 일하면 족할 조그만 식품 가게를 다섯 명이나 같이 운영하는 데에서도 드러나고, 다른 한편 이들이 낸 가게가 제대로 된 고유명사 이름을 갖지 않고 단지 '식품점'이라고 써 붙였음을 비꼬는 데에서도 드러난다. 이는 어느 정도 현실을 반영하면서 과장한 것인데, 다른 인근 유럽 국가에서 온 이주민과 비교해 상대적으로 언어, 전문지식, 자금력, 독일 사회와의 네트워킹 능력에서 뒤처지는 많은 베트남인들이 독일 사회에 자리를 잡으려 할 때 실제로 '식품점 체인'을 열었기 때문이다. 대형 슈퍼마켓과 달리 독일의 일반 소매점이 고객과의 개인적 친분이나 대화를 장점으로 내세워 영업을 하는 반면, 베트남인들은 같은 소매점을 열어도 언어를 통해서는 손님과 대화를 잘 할 수 없기 때문에 체인점으로 운영하여 서비스보다는 상품의 질이나 저렴한 가격을 장점으로 내세운다. 앞의 우스꽝스러운 풍경은 많은 독일인에게 공감을 얻었는데, 이는 동시에 독일 사회가 아시아인들을 제대로 이해하지 못하는 모습이기도 하다.

더 나아가 앞의 인용에서 또 다른 문제를 엿볼 수 있는데, 다양한 국가, 다양한 민족에서 유래한 이주민과 외국인들이 독일이라는 타지에 모여 살지만 사회의 소수집단이나 타자로서 이들 사이의 연대 단체나 조직이 형성되고 있지 않다는 것이다.[19] 대부분의 외국인들은 민족과 국가, 인

19 다음 인용글은 베트남인의 일상생활에 대한 묘사인데, 카미너는 「총각들과 가족경제」라는 제목의 글에서 같은 건물에 살고 있는 베트남인, 이슬람인, 독일인, 러시아인들을 유머를 가미해 풍자적으로 과장해서 그리고 있다. "베트남 사람들은 하루 종일 씻고 요리하고 있다는 느낌을 준다. 계단을 통해 집 전체에 풍기는 달콤한 고기 맛이 나는 향기는 이국적인 음식을 진하게 생각나게 만드는데, 예를 들어 튀긴 개고기와 파

종에 따라 자기들만의 폐쇄된 공동체를 만들 뿐 각 공동체 사이의 공동체나 연대감을 형성하지는 못한다. 독일에 사는 한국인들도 터키인들이나 외국인들과 같이 주류사회의 차별을 겪지만 서로 연합해서 문제를 해결하기보다는 각기 직접 주류사회와 접촉하여 자기주장을 하든지 혹은 주류사회가 원하는 대로 적응하여 문제를 해결하려고 한다. 주류사회와 협상하는 방식은 다른 이주민 집단에게 전파되지 못하고, 특정 외국인 집단에 대한 선입견은 '또 다른 자기들'의 문제임에도 불구하고 외국인, 이주민 집단도 마찬가지로 서로에 대한 선입견을 갖게 되는 것이다. 결국 이주민들은 자기 집단에 대한 주류사회의 선입견, 클리셰를 지적하면서 이를 수정하기를 원하지만, 동시에 다른 이주민 집단에 대해서는 주류사회의 선입견, 클리셰를 무비판적으로 받아들인다. 이러한 상황에서 최근에 한국인 교포와 2세들, 입양인 출신들과 베트남인들이 같이 모여 만든 '코리엔테이션(Korientation)'의 활동은 고무적이다. 즉 이들은 자신들의 문제뿐 아니라 공통의 문제를 가진 다른 집단과 소통하기 시작했기 때문이다. 이러한 연대는 이들 목소리에 힘을 실어줄 것이다. 또한 이와 관련하여 베트남의 정치학자 키엔 니 하(Kien Nghi Ha)의 경우 독일 사회에서 인종주의 연구가 거의 없고, 있어도 대체로 영미권의 영향을 받아 흑인-백인 문제 위주로 이루어지고 있던 현실에서 범위를 동양인에까지 확대하여 인종주의를 연구하는 드문 예이다.[20]

인애플, 혹은 훈제한, 꿀에 절인 비둘기 고기에 대한 생각 말이다."(23쪽) 베트남인들은 현재 독일에서 다수가 꽃 가게 등 길거리 행상을 하다가 식료품점을 거쳐 요식업(주로 간단한 베트남 음식점)에 많이 진출하고 있다. W. Kaminer, Junggesellen und Familienwirtschaft, Schönhauser Allee, München 2001.

20 K. N. Ha, Ethnizität und Migration reloaded. Kulturelle Identität, Differenz und Hybridität im postkolonialen Diskurs, Berlin 2004 참조.

2) 작가 훙 구르스트

훙 구르스트는 처음에 조국 베트남의 경제발전에 기여할 실용적인 그래픽 기술을 배우러 동독에 왔다가 귀국한 후 자신이 배운 기술이 경제구조의 기반 자체가 와해된 베트남에서 아무런 쓸모가 없음을 깨닫는다.[21] 그는 다시 독일로 돌아와 통역관으로 일하다가 문학을 공부한다. 그는 보다 인간적인 사회를 만들기 위해서 자발적으로 베트콩에 가입해 전쟁터에도 나갔지만, 전쟁 후 자본주의와 사회주의의 현실 모두에서 개인들이 사회적 억압에 시달리는 현실에 실망하였다고 말한다. 그는 실패한 사람들의 고통과 불행에 대한 글을 쓰기 위해서 작가가 되었으며, 억압받는 사람들을 위하여 글을 쓴다고 밝힌다. 그의 주요 소재는 처음에는 베트남에서의 유년 시절과 베트남 전쟁 등 고향에 관한 것이었으나, 점차 독일 내에서 작가가 느끼는 두 문화 간의 차이와 갈등으로 옮겨간다. 특히 통일 독일은 현실 사회주의가 무너진 후 자본주의만이 홀로 살아남아 자본의 끊임없는 자기 확장만이 이루어지는 세상으로 비추어진다.

> 저는 제국주의에 반대합니다. 소위 제국주의라 부르는 것에 저항해서 싸웠지요. 저는 가난한 사람들을 착취하는 부유한 자들에 대항해 항상 싸워왔습니다. 그것은 어린아이 같은 꿈이었고 저는 소박한 이상주의자였습니다. 이제 더 이상 사회주의는 존재하지 않지요. 저는 자문해 봅니다. 아이구, 나 이제 어찌 해야 하나, 이제 우리 어찌 해야 하나, 이제 우리는 더 이상 적이 없는데, 우리가 다시 우리를 잡아먹는다면… 예전에는 두 개의 전선이 있어서 전쟁이 일어나지 않도록 조심해야 했었습니다. 이제는 오로지 부유하냐, 가난하냐의 차이만 있습니다. 이것이 저를 혼란스럽게 만듭니다. 가난한 사람들은 더 가

21 자세한 것은 H. Gurst, Wer sind die Exoten? in: L. v. Saalfeld (Hrsg.), Ich habe eine fremde Sprache gewählt, Gerlingen 1998, S. 229 이하 참조.

훙 구르스트(Hung Gurst)는 1955년생으로 베트남의 덕사-덕토에서 출생하였다. 1972년부터 1975년까지 남베트남의 '베트남 해방전선'의 군인으로 전쟁에 나갔으며 1976년에 독일로 와 라이프치히의 폴리그라피 대학에서 인쇄술을 배웠다. 1980년에 베트남으로 돌아갔다가 1982년 독일 잘펠트에 계약노동자를 위한 통역관으로 다시 오게 되었다. 1986년부터 라이프치히 대학에서 독문학을 전공했다. 1991년부터는 『도이 토아이(Doi thoai)』라는 독일-베트남 문화잡지의 공동편집장으로 일하고 있다. 첫 작품집은 『돌발 사건(Der Zwischenfall)』(1993)이다. 그의 작품들은 베트남 전쟁의 기억과 독일 사회에서의 이주민 체험을 많이 다루고 있으며, 특히 어린이 독자들을 고려한 문체를 구사하고 있다.

난해지고 있습니다. 저는 이 모든 것을 착잡한 심정으로 보고 있습니다. 다른 한편 이제 사람들은 자유롭게 이동할 수 있게 된 것에 대해 기뻐하고 있습니다. 그러나 자기 자신을 노예로 만드는 사람들이 너무나 많습니다. 온갖 세금, 보험들, 돈 문제들, 내일은 어떻게 살아야 할까요. 이혼 문제들도 그렇고요. 사람들은 아이들이 없는 것이 최고라고 생각합니다. 이미 혼자서도 벅차니까요. 사람들은 더 이상 인간처럼 살지 않습니다. 로봇처럼 살아갑니다.[22]

통일 이후에 동독인들은 거주 이전의 자유, 이동의 자유를 포함한 자유를 얻었다. 다른 한편 서독이 가져온 자본주의는 그들을 행복하게 만들어준 것이 아니라 불행하게 만들었다. 그들을 자본의 노예로 만들었기 때문이다. 특히 사회주의 베트남에서 온 작가의 눈에 서독의 자본주의는 이미 발전된 후기 자본주의 형태로 훨씬 세련되고 일상에 스며든 형식을 가지고 있는데, 일확천금의 획득이나 부의 착취나 원시적 축적 등의 초기 형식이 아니라 개인의 사생활 하나하나에 침투한 변형된 형태로서,

22 위의 글, S. 238.

보험, 세금, 돈 문제 등의 문제로 나타나 그들의 일상을 지배한다. "우리가 다시 우리를 잡아먹는다면"이라고 브레히트의 단편을 살짝 비꼬아 인용하는 작가는 브레히트가 이미 수십 년 전에 비판한 자본주의의 폐해가 분단과 통일을 통하여 개선되지 않고 독일 땅에서 다시 반복되고 있음을 지적한다. 일상생활의 삶 속에 숨어 있는 심각한 문제는 바로 자본주의가 가진 고질적인 병폐로 보인다. 이제 독일에서 사람들은 이러저러한 경제적 근거를 대며 결혼도 하지 않고 아이도 낳지 않는 것이 더 합리적이고 편하다는 결론을 내린다.

홍 구르스트는 외국인으로서 그가 통일 이후에 독일인들과의 관계에서 느끼는 인간적인 변화를 다음과 같이 따뜻함과 차가움의 대비를 통하여 묘사한다.

> 여기에 산 지도 이제 10년이 넘었습니다. 옛날의 동독은 달랐습니다. 사람들은 이러한 차가움을 감추었었고 드러내 보일 수도 없었습니다. 그것은 절박한 상황에서 맺은 관계였고 뭔가 하나라도 얻으려면 서로서로 따뜻하게 대해야 했습니다. 인간적으로 심적으로 그리고 물질적으로도요. 그러나 통일 독일에서 사람들은 너무나 속이 들여다보입니다. 모든 사람은 아니더라도 많은 사람들이요. 저는 서운합니다. 저는 독일을 너무나 사랑하고, 독일의 문화와 문학과 원칙을 사랑했습니다. 독일 동물원의 코끼리들조차도 이 세상의 다른 코끼리들과는 달랐습니다. 그러나 다른 한편 저는 혼자 자문을 하지 않을 수 없습니다. 오, 하나님, 이것이 정녕 삶이란 말입니까? 저는 여기에서 이렇게 계속 오래 살아야 한다면 웃음을 잃어버리게 될 것입니다. 언젠가는 저는 여기에서 사라져 버릴 것입니다. 독일을 떠나면 독일이 그리울 것이라는 것을 제가 정확히 알더라도 말입니다. 저는 여기에서 저의 청춘을 보냈습니다. 저는 여기에서 너무나 많은 사람들을 알게 되었습니다. 좋은 사람들과 나쁜 사람들을요. 어떻든 간에 그들은 저의 일부분이 되었습니다. 제 안에 아주 단단하게 들어가 있는 독일어도 그렇고요. 베트남 전쟁 때에 우리는 계속 동독에

서 혈액과 약을 공급받았었습니다. 저는 두 번 부상을 입었고 수혈을 받은 적이 있습니다. 외모는 다르지만 어쩌면 저에게는 독일 피가 흐를 것입니다. 이게 바로 저의 문제입니다.[23]

동독의 사회주의는 사회주의 형제애를 강조했고 또한 서독보다 우월한 인성, 도덕성, 윤리를 강조했기 때문에 외국인에 대해 자신들의 냉랭함을—실제로는 있다고 하더라도—공식적으로 드러내 보일 수가 없었다. 그 사이 작가는 독일에 오래 머물게 되면서 독일의 문화를 사랑하게 되었고 독일화되었는데, 통일 독일은 인간관계가 차갑게 식었을 뿐만 아니라 웃음까지도 잃어버렸다. 베트남인들은 과거에 동독 사회의 낯섦과 차별에도 남기로 결정을 했지만 통일 독일의 차가움과 새로이 요구되는 이방인으로서의 정체성은 이들로 하여금 새로운 결단을 내리게 만든다. 즉 동독 시절에는 인간적으로나 물질적으로 그리고 심지어 수혈을 통해서 피까지 나눈 따뜻한 사이였는데 통일 독일의 냉기는 그로 하여금 독일을 떠나고 싶어하게 만든다.

다음의 미발표작 『모루, 작은 코끼리(Moru, der kleine Elefant)』(1998)의 발췌 부분은 통일 후 독일의 변화를 묘사하고 있는데, 작가의 개인적 체험과 사회의 역사적 경험이 혼합된 수작이라 할 수 있다.[24] 바로 통일 이후 이주노동자와 이방인들이 느낀 가장 큰 어려움인 '새로운 낯섦', '새로운 정체성'의 문제를 묘사하고 있기 때문이다.

어느 일요일이었다. 서베를린과 동베를린 사이의 장벽이 열린 며칠 후였다. 나는 베를린에서 라이프치히로 가고 있었다. 좀 전에 나는 베를린 장벽을 보았었다. 착잡한 심정으로 나는 기차의 작은 칸에 혼자 앉아서 독일에서 얼마

---

23 위의 글, S. 245.
24 위의 글, S. 239 이하.

전에 일어난 일들에 대해 곰곰이 생각해보았다. 나는 독일인들이 기뻐하는 것을 잘 이해할 수 있었다. 나 또한 우리나라가 통일이 되었을 때 이러한 열광의 분위기를 겪어보았다. 그러나 그때 이미 나는 조금은 겁도 났었고 그렇게 오래 떨어져 산 다음에 공산주의 북쪽에서 온 우리의 형제자매들과 어떻게 같이 살아야 할지를 혼자서 물어보았다. 그러나 독일에서 일어나는 일들은 우리나라에서 그때 일어났던 일들과는 다르다. 여기에서는 민주주의가 승리했다. 대부분의 동독 사람들처럼 나도 민주주의를 사랑한다. 혼자서 내가 이렇게 민주주의를 자축하고 있었을 때 기차 문이 열렸다. 네 명의 남자가 내 앞에 서 있었다. 자리가 비었냐고 나에게 물어보지도 않고서 말이다. 마치 여기가 자기네 집이라서 그럴 필요가 없다는 듯 말이다. 인사말 한마디도 없이 그들은 앉아서 담배를 피우기 시작했다.

나는 외모를 보고는 이들이 서독 사람들일 것이라고 생각했다. 옷을 아주 멋지게 차려입고 있었다. 그러나 그들의 태도나 말씨를 보고서는 이 사람들은 동독의 작센 사람들일 것이라고 생각했다. 나는 민주주의를 사랑하기 때문에 작센 사람들을 사랑한다. 이 사람들은 라이프치히에서 민주주의를 위해 투쟁을 하지 않았던가. 이 남자들은 어딘지 모르게 좋은 인상을 풍겼고 나는 이 점에 감탄했다.

"저 자식은 왜 저렇게 째려보는 거야?" 남자들 중의 하나가 말했다.

"안녕하세요?"라고 내가 말했다. 나는 말을 걸어 나의 기쁨을 함께 나누려고 했다. 동독 사람들이 그들 조국의 다른 지역을 자유롭게 여행할 수 있는 것은 보는 이 모두를 기쁘게 한다. 맞다. 이 사람들은 자유를 얻은 것이다.

"저 자식 계속 저렇게 나를 째려보면 당장에 내쫓아 버릴 거다"라고 조종사 점퍼를 입은 남자가 말했다.

오 하나님, 제가 실수를 했습니다. 웃으면 안 되는 것이었습니다.

"야, 이 피지 놈아, 너 우리나라에서 뭐 하고 있는 거냐?"

저를 두고 한 말이었습니다. 동독 사람들은 대부분 아시아 사람들은 모두 피지 섬에서 왔다고 생각합니다. 그리고 인디언들이 아시아에서 왔다고. 반대라는 것을 전혀 모릅니다.

"여기 동독에서 공부하는데요."[25]

위의 장면에서는 베트남인을 두고 벌어지는 통일 독일에서의 자아상과 타자상의 마찰이 다루어지고 있다. 즉 이 텍스트는 전체적으로는 우화나 동화의 성격도 일부 띠고 있지만, 자세히 살펴보면 장벽이 무너진 직후 통일 독일의 역사적·사회적 상황과 이에 대한 사람들, 특히 이주민의 반응을 적나라하게 반영하고 있다. 주인공은 독일에서 독문학을 공부하는 베트남 출신 대학생으로서 지성인이고 독일 문화와 역사에 대해 잘 알고 있으며 독일어를 유창하게 구사한다. 독일 주류사회가 원하듯이 독일어와 독일 문화, 독일 사회에 적응이 잘 된 외국인이다. 또한 독일의 역사와 자국의 역사를 비교해서 그들의 기쁨을 이해할 수 있는 사람으로 등장한다. 그는 통일 후 독일과 베트남, 두 나라의 공동의 운명에 대해 생각한다. 베트남이 통일되었듯이 동서독도 통일이 되었고 때문에 이를 (세계)시민의 입장에서 기뻐하고 있다. 그는 이미 베트남에서 통일을 겪어 보았기 때문에 한편으로 독일인들의 환희와 기쁨에 대해 이해할 수 있지만, 다른 한편 베트남 통일 시에 자신이 가졌던 걱정과 우려를 상기한다. 과연 오랫동안 떨어져 살았던 사람들이 잘 융합할 수 있을까라고 생각을 할 때 그가 있는 기차 칸에 새 승객들이 탄다. 주인공은 그들을 관찰한다. 처음에는 화려한 외양에 서독인이라고 오해하다가 행동과 언어로 미루어 동독인임을 알게 된다. 통일 후 일괄적으로 지급된 통일 축하금을 받은 동독인들은 상당수가 바나나라는 기호식품과 마요르카, 테네리파라는 여름휴가로 상징되는, 그들이 부러워했던 서독의 소비재나 사치품 구입에 이 축하금을 사용하였다. 주인공은 곧 이들이 동독 출신임을, 작센

25 위의 글, S. 240.

출신임을 인식한다. 그에게 작센 주의 수도 라이프치히의 시민들은 존경의 대상이다. 동독 시민들도 베트남과 같은 사회주의 전체체제와 공산당의 통제하에 있었지만 이러한 시스템의 통제와 억압에 저항해서 월요일마다 라이프치히에서 용감하게 민주주의를 위한 데모를 하였고, 결국 이것이 궁극적으로는 통일의 가장 큰 내부 원동력이 되었다고 평가받기 때문이다. 초창기에 이 데모에서 그들의 구호는 "우리가 인민이다(Wir sind das Volk)"였다. 인민이라는 점, 즉 사회주의 동지라는 사회적·정치적 정체성과 주체성을 더 강조했었던 것이다. 나중에 이 데모의 구호는 "우리는 한 민족이다(Wir sind ein Volk)"로 바뀌게 된다. 여기에서도 주인공이 외국인으로서 독일 사회의 주변부로 밀려나는 것을 확인할 수 있다. 주인공 베트남인은 민주주의를 위한 투쟁의 역사만을 상기하고, 이들이 작센 사람이라는 점, 동독인이라는 점에서 좋은 인상을 가지고 있어서 반가워 말을 걸고자 하고, 웃으면서 독일어로 인사를 하게 된다.

그러나 실제 상황은 주인공의 생각과는 전혀 다르게 전개된다. 동독인들은 통일 후 일시적으로 부유해졌으나 더 이상 베트남인들에게 사회주의국가의 동지로서의 연대감을 가지고 있지 않다. 또한 더 이상 사회의 주변부집단이나 소수집단에 대한 연민이나 존경심도 가지고 있지 않다. 새로 승차한—조종사 점퍼가 상징하듯—동독의 극우파들은 같은 기차칸 주인공을 말이 통하지 않는 외국인으로 간주하고 있고, 그의 인사도 무시하며, 더군다나 그의 웃음을 오해한다.[26] 그들은 인종적 편견을 그대로 드러내고, 주인공의 동양인 외모 때문에—베트남 사람을 폄하하는 호

26 베트남과 동독 사회가 웃음을 해석할 때 드러나는 문화적 차이는 문학에서도 자주 다루어졌다. 즉 베트남에서는 처음 보는 사람에게 우호적으로 접근하려는 의도에서 미소를 지으나, 이 행동은 구 동독인들에게는 도무지 근거가 없는, 이해할 수 없는 행동으로 받아들여지고, 베트남인의 전형적 특징이라고 자주 지적되었다. 때문에 독일어 교사들은 독일어를 배우는 베트남인들에게 문화 차이의 대표적 예로 이를 언급하며 독일인들 앞에서는 이유 없이 웃지 말라고 가르친다. 이러한 문화 차이는 동아시아 문화권에도 확대 적용해볼 수 있다.

칭인—"피지놈"이라고 부른다. 그제서야 주인공은 자신이 처한 사태의 심각성을 깨닫는다. 여섯 명이 타게 되어 있는 기차의 내실에서 그는 네 명의 극우파들 사이에서 큰 공포를 느끼고 긴급히 생존전략을 찾는다.

앞 인용문의 다음 장면에서 그는 독일어를 유창하게 구사할 수 있지만 자신의 신분과 상황을 숨기고 이제 막 독일에 도착한 외국인 흉내를 낸다. 동화를 위한 이방인의 모든 노력이 수포가 되는 순간이다. 극우파 청년들에게 독문학을 공부하는 베트남 학생이라는 그의 정체는 한편으로는 시기와 비하의 대상이 될 뿐만 아니라, 다른 한편 장기간 독일에 머물면서 자신들의 사회보장비용을 축내는 외국인으로 테러의 대상이 될 수도 있다. 그래서 그는 상황을 모면하기 위해 티베트에서 온 학생으로 가장하고 독일에 도착한 지 얼마 되지 않은 외국인들이 쓰는 토막 독일어를 구사한다. 또한 불필요한 자극을 피하기 위하여 정치적·사회적 함의가 배제된 단순한 동물이야기로 화제를 옮긴다. 그는 이제 가장 많은 계약노동자가 왔던 베트남 출신의 과거의 노동자도 아니고 독일 문학과 언어를 사랑해서 공부하는 독문과 학생도 아니다. 그는 티베트에서 독일의 코끼리 조련술을 공부하러 이제 막 온 학생으로 자신을 위장하는 것이다.

이 짧은 단편은 자세히 읽어보면 통일 독일의 역사적 현실이 상징적으로 녹아 있고, 특히 통일 이후 이방인들에게 닥친 가장 큰 문제와 다문화사회를 보는 독일 주류사회의 시각이 비판적으로 묘사되고 있다. 이제까지의 모든 동화의 노력은 수포로 돌아가고, 이제 주인공은 외국인으로서 다시금 이방인으로 분류되며, 자신을 독일에 금방 도착한 외국인으로 연출함으로써 위기를 모면한다. 독일 주류사회는 외국인이나 이주민들이 독일에 살면서도 독일 문화에 동화되지 않고 자기만의 종교, 언어, 정체성을 고집하는 것을 비판하고, 독일 사회, 독일 문화에 통합되거나 동화되어야 한다고 주장하였다. 이것이 바로 기민당 외국인 정책의 핵심이었고, 또한 주도문화논쟁의 요점이었다. 그러나 이 글 주인공의 현실이 보여주듯이 현재 자기가 살고 있는 곳의 언어나 문화를 잘 익히고 대화를 추구하는 것이 주류사회의 대화 상대자로부터 호응이 없을 때는 도움이 되지 않고, 오히려 생존의 위협이 된다. 이 이야기가 보여주는 이주민들이 느끼는 새로운 갈등, 더군다나 폭력과 생명의 위협에 대한 공포감, 다시 이방인으로 내몰린 정체성에 대한 인식은 통일 후 대부분의 이주민들이 경험한 '새로운 낯섦'이라 할 수 있다.

3. 유대인의 계속되는 악몽: 막심 빌러

1) 현대사회의 유대인들

현대 독일 사회 속에서 유대인의 정체성을 무엇을 근거로 규정할 것인가는 이야기하기가 쉽지 않다.[27] 하나의 통일된 정체성을 이야기하기는 더군다나 힘들다. 유대인 집단은 이미 2,000년간 유럽을 떠돌면서 다양한 성격을 지닌 유동적 집단이었을 뿐만 아니라, 서부 유대인 상당수가 산업화·근대화가 진행된 이후로 전통과 종교를 버리고 서구 문화에 동화되고 세속화되었으며, 또한 정착한 지역의 문화와 섞여 다양하고 혼종된 양상을 보여주고 있기 때문이다. 이 절에서 다루는 작가 빌러는 그중 중부 유럽에 정착한 유대인 집단의 관습과 문화, 전통을 이어받은 소위 '정통 유대인'이라고 할 수 있다. 즉, 서구 사회에 정착한 유대인들이 점점 세속화되는 와중에 종교적·문화적 전통과 관습을 비교적 충실하게 물려받은 유대인으로서의 자의식이 뚜렷한 계층 출신이라는 것이다. 그는 작품 속에서 항상 유대인으로서의 정체성 자체를 화두로 삼고 있는데, 이는 등장인

27 현대 유대인의 삶에 대해서는 괴테 인스티투트 홈페이지(http://www.goethe.de/ges/rel/dos/jul/de1418155.htm) 참조.

물 대부분이 전형적인 유대인의 이름을 가지고 있으며, 이들 유대인 인물들 가족의 역사가 실제 쇼아의 역사와 긴밀하게 맞물리며 상징적 성격을 띠는 데서 알 수 있다.

2) 작가 막심 빌러

막심 빌러의 작품은 쇼아 이후 독일, 러시아, 체코, 미국, 이스라엘에 사는 현대 유대인의 복잡한 상황을 반영하고 있으며, 비판적인, 때로 자아비판적인 글들이라고 할 수 있다. 전후부터 이제까지 꾸준히 많이 나왔던, 스스로를 피해자, 희생양이라고 규정하고 쓰인 유대인들의 홀로코스트 관련 글이나 수기들과 달리, 그의 글은 가해자와 피해자의 이분법하에서 전개되지 않는다. 또한 가해자와 피해자의 심리도 보다 복합적으로 그려진다. 특기할 만한 것은 피해자에게 일방적으로 도덕적 우위를 부여하지도 않는다는 점이다. 그의 작품은 대체로 유대인의 역사를 치밀한 자료조사에 바탕을 두고 개인들의 역사로 재구성하여 사실적으로 묘사하고 있으며, 대단히 집중적이고 집요하게 또한 심층적으로 파헤쳐 가해자든, 피해자든 대 재난과 그 이후의 시대를 살아가면서의 불안과 치부를 드러내는 가운데, 때로 번뜩거리는 유대인 특유의 검은 유머, 사형수 유머를 보여준다.

독일 통일 과정의 민족주의에 대한 비판

빌러의 글은 독일 사회를 가차 없이 비판함과 동시에 독자로 하여금 쓴 웃음을 짓게 만든다. 거의 사형수 유머와 비견될 정도로 성역이 없고 깊은 그의 비판은 터부를 깨면서 혹은 개인의 사생활을 희생하면서까지 이루어지고 있다. 또한 그의 비판은 독일 사회의 지도층에게도 예외가 없으며 거의 실명으로 행해지고 있다.[28] 예를 들어 에세이 성격이 강한 『독일책』에서 독일인들에게 가장 존경을 받는 정치가 중 한 명인 사민당 출신

막심 빌러(Maxim Biller)는 1960년 체코의 프라하에서 태어났고 1970년 이후 독일에 살고 있다. 그는 작가이자 언론인이다. 『아버지와 배반자의 나라(Land der Vater und Verräter』(1994)로 투칸 문학상, 유럽문예란상, 오토-슈퇴셀 상, 테오도르 볼프 상 등을 받았다. 대표작으로는 『내가 언젠가 부자로 죽는다면(Wenn ich einmal reich und tot bin)』(1990), 『속도의 해(Die Tempojahre)』(1991), 『딸(Die Tochter)』(2000), 『독일 책(Deutschbuch)』(2001), 『냉동운반(Kühltransport)』(2001), 『완벽한 소설(Der perfekte Roman)』(2003)이 있다.

전 수상 빌리 브란트와 그가 내건 통일 정책을 다른 시각에서 비판하고 있다.

빌리 브란트는 노년에 들어서 수정주의자가 되었는가? 어떤 면에서는 분명히 그렇다. 어찌되었든 그는 자신을 끝까지 올바른 애국심이라는 이념을 가진 정치 권력자이자 자유사상가라고 간주하려 했지만 더 이상 분명히 그렇지 않다. 그는 이 나라에 긴장완화 정책을 통해 선물했던 것을 드레스덴, 라이프치히, 베를린에서 "우리는 한민족이다"라는 캠페인을 하면서 노인들의 쇼비니즘-수사학으로 다시 빼앗아갔다.

위대한 빌리 브란트의 삶의 비극은 독일 좌파 전체의 비극이다. 자신의 나라 안에서 기이하게도 그들은 계속 가능성은 오로지 둘 뿐이라고 생각했다. 즉 적응하느냐 아니면 망명하느냐로. 태양의 형제들에게, 자유의 형제들에게 진정 제3의 길은 없는가?[29]

28 이러한 점 때문에 그는 논란이 많은 작가로 알려져 있으며, 결국 『딸』의 경우 법원 판결에 의해 판매 금지 처분을 받았다. 이 책에서 그는 아직도 현역으로 활동하고 있는 터키계 연극배우와의 사이에 있었던 일들을 그대로 실명으로 작품화했기 때문에 개인의 사적 권리 침해로 고소를 당했고 패소했다.

29 M. Biller, Deutschbuch, München 2001, S. 265-266.

빌리 브란트는 젊은 시절 나치에 반대하여 노르웨이와 스웨덴에서 해외 망명 생활을 하면서 나치에 대한 저항운동을 하였고, 1970년 바르샤바 방문 시에 게토의 유대인학살 추모비 앞에서 무릎을 꿇고 독일인의 집단적 범죄에 대해 공식 사과를 한 용감한 행동으로 국내적으로나 국제적으로 양심적 정치가의 대명사로 알려져 있다. 또한 베를린 시장 시절부터 구상하여 수상 재임 시절에 '새로운 동방 정책(neue Ostpolitik)'이라 불리는 긴장완화 정책을 펴서 결국 통일의 초석을 놓은 것으로 유명하다. 그는 서방에 일방적으로 정향되었고 동독과는 어떠한 대화도 거절하였던 할슈타인 원칙을 편 이전의 기민당 아데나우어 정권과 달리, 당시의 동독을 대화 파트너로 인정하고 '접근을 통한 변화'라는 통일 정책의 기조를 세웠다. 그러나 빌러는 브란트를 여러 가지 측면에서 비판하고 있는데, 첫째는 청년 시절에 독일 내에서도 저항운동을 여러 방식으로 할 수 있었는데 이분법적 단견에서 망명을 했다고 비난하고, 둘째는 브란트가 말년에 지지했던 통일 정책이 좀더 넓은 의미의 통합 정책이 아니라 결국 독일 민족만의 민족주의를 지지하게 됨으로써 이전의 그가 지지했던 진보적 노선의 후퇴를 가져왔다고 보는 것이다.

작가에게는 이제 빌리 브란트뿐만 아니라 독일인들의 홀로코스트에 대한 기억과 추모조차도 의심스럽다.

> 정말 웃기는, 그 속내를 알 수 없는 사람들이 바로 독일인들이다. 그들은 처음에는 가지고 있는 모든 재능을 다 동원해서 거의 모든 유대인들을 다 죽인다. 그러고 난 다음에는 그게 마음에 아프단다. 내 말은 그들 중 누가 정말 예상이나 했겠냐는 말이다. 아우슈비츠의 문을 갑작스레 닫고 나서 오십 년이 지나자—정말 오래된 성경 빼놓고는 연결도 안 되는—수백만 명이 죽은 것에 대해 그렇게 가슴을 뜯으면서 마치 친부모에게 한 것처럼 그렇게 슬퍼할 줄을 말이다.[30]

화자는 '애도작업', '과거극복' 등의 말이 독일에서 가장 흔하게 공식적으로 회자되는 말이고, 또한 여전히 유대인 관련 이슈만 나오면 사회가 온통 들끓고 다시는 이런 일이 일어나서는 안 된다고들 말하지만, 묄른, 뤼베크, 호이어스베르다를 보면 그렇지 않다고 말한다. 젊은 세대는 이미 과거사는 '정신 나간' 조상들이 한 짓으로 여기고 자신들과 거리를 두고 있다. 또한 홀로코스트에 대해서 더 이상 듣고 싶지 않다고 이야기할 때에만 갑자기 모든 집단들(좌파와 우파, 바이에른과 프리젠 사람, 계몽주의자와 낭만주의자 등)의 의견이 일치하기 때문에 홀로코스트-상처 자체가 독일 내부의 분리된 집단 모두를 하나로 묶어주는 독일 민족주의 의식의 모체 역할을 하는 것 아니냐고 작가는 날카롭게 지적한다. 비판적 정치인이라면 통일 이후에 대두된 새로운 민족주의의 문제점도 같이 인식했어야 하기 때문이다.

유대인의 계속되는 공포

빌러의 날카로운 비판은 독일 주류사회를 향한 것만은 아니고 자신의 유대인 집단에도 향해 있다. 그는 현대 유대인의 적나라한 실제적 경험을 미학적 혹은 도덕적 베일로 가리지 않고 자기 작품의 소재와 주제로 삼는 드문 작가이다. 그는 현재 독일이 내세우는 반성이나 미래 비전인 다문화사회, 열린 사회, 코스모폴리탄 사회라는 이상을 믿지 않는다. 동시에 유대인 조상들의 신성한, 깨끗한, 억압받은 희생자라는 과거도 믿지 않는다. 그가 묘사하는 유대인의 세상은 배신뿐 아니라 불신에 가득 차 있다. 단편소설집 『아버지들과 배신자들의 나라』에서 화자는 유대인 아버지를 배신자로 취급하면서 아버지와 아버지 세대를 피해자로만 간주하지 않는다.[31] 이 소설에서는 독일인이 유대인을 배반하고 유대인 또한

---

30 Biller, Heiliger Holocaust, 위의 책, S. 27.

31 M. Biller, Land der Väter und Verräter, Köln 1997.

유대인을 배반한다. 부모가 자식을 배반하고 자식도 부모를 배반하고 친구가 친구를 배반한다. 부부 사이에도 마찬가지이며 형제 관계도 그러하고 러시아에서 온 귀한 손님은 딸을 강간한다. 유대인 모두가 배반자는 아니지만 극한적 상황에서 완전한 예외는 존재하지 않는다. 인간의 역사는 인간의 생존본능과 추악함, 출세욕, 이기주의, 집단에 대한 배신 등이 겹쳐져 선악의 이분법이 아니라, 보다 극한적인 상황에서, 보다 복잡한 역사학, 보다 복잡한 심리학으로 인간의 반응을 기록하기 때문이다. 혈연으로 맺어진 가장 끈끈한 단위인 가족도 예외는 아니다. 우리가 알고 있는 홀로코스트의 희생자나 수용소 생존자들의 수기에서 읽을 수 있는, 목숨을 넘어서는 가족애나 자기희생과 달리, 그의 소설에서는 가족도 경제적으로나 심적으로 마지막까지 의지할 수 있는 단위가 아니다. 유대인의 비극은 이렇듯 내부의 신뢰와 통일을 잃어버렸다는 데에서도 드러난다.

무엇보다도 그가 다룬 유대인들의 경험이 다른 이주민들의 경험과 다른 것은 그들이 과거에 역사상 유일무이한 대단위 비극을 겪었다는 것, 그리고 이 역사가 주는 비교 불가능한 중압감이며, 또한 더 나아가 이러한 비극이 반복될 수 있다는 두려움이다. 아직은 이러한 쇼아의 기억을 간직한 세대가 살아 있고 이들에게 과거를 생생하게 육성으로 전해 들은 자식 세대도 존재한다. 과거를 여전히 현재형으로 기억하는 사람들은 조금만 정치적·사회적 기류가 변해도 과거의 비극이 재현될까봐 두려워한다. 언제 어디서나 또 다시 극한상황으로 몰릴 수 있고 집단적으로 무기력하게 몰락할 수 있다는 불안감은 지워지지 않고, 한번 쇼아를 겪은 민족의 이러한 공포는 여러 방식으로 서술된다.

쇼아 이후 독일의 유대인 중 상당수가 외국으로 이주하였다. 처음에는 미국으로, 이스라엘로, 체코로, 헝가리로, 러시아로 많은 유대인들이 이주해갔다. 때문에 독일에는 2-3만 명의, 과거와는 비교할 수도 없이 소수의 유대인들만이 남아 있었다. 통일 이후에는 러시아, 헝가리에서 대규모로 유대인들이 독일에 유입되었지만, 떠나고 돌아온 자들 모두 자신이 현

재 서 있는 위치가 안전하지 않다는 것, 뿌리를 내리는 것이 쉽지 않다는 것을 인식하고 있다.[32]

이들 유대인의 실제 삶은 자세히 들여다보면 많은 외부인들이 생각하는 것보다 더 많은 굴곡과 주름을 가지고 있다. 독일에 남거나 독일로 돌아온 유대인들은 여러 동기에서 잔류를 결정한다. 예를 들어 가해자의 나라 독일을 자신의 거주자로 선택한 한 유대인의 상황을 그린 단편소설 「기억, 입 다물어(Erinnerung, Schweig)」(1997)는 공식적 역사 뒤에서 이루어지는 소시민들의 삶이 소재이다. 등장인물인 할아버지는 러시아와 우크라이나 사이의 경계 지역 출신이고 독일에서 살다가 유대인이라는 이유로 강제수용소로 끌려갔다가 전쟁이 끝나 해방이 되었지만 부인과 아들은 모두 고향의 은신처로 되돌아갔다가 불에 타 죽었다는 소식을 듣는다. 그는 이제 독일도 고향도 돌아갈 곳이 없다. 그러나 그를 죽음의 수용소로 끌고 간 나라임에도 불구하고 미래를 생각해볼 때 사업할 기회라도 찾아볼 수 있는 원수의 나라 독일에 남기로 한다. 언어적 문제도 동기로 작용한다.

> 팔레스티나에서는 계속 전쟁이 벌어지고 있었다. 미국에서는 모두들 영어만 썼다. 오스트레일리아는 달나라처럼 멀리에 있었다. 더 나은 생각이 떠오르지 않아서 할아버지는 하필이면 '절멸-과거 독일'에서 '재건-현재 독일'로 도피해왔다.[33]

---

32 실제로 빌러의 날카로운 시각은 독일로 돌아온 유대인에게도 가감 없이 적용된다. 유대인들은 자신들이 독일 땅을 떠나면 이는 바로 독일인들이 원하는 것을 해줄 뿐이기 때문에 위험을 무릅쓰고 돌아왔다고 귀향 동기를 말한다. 그러나 빌러가 보기에는 그들 중 일부는 자신들을 절멸시켰던 바로 그 자리에서 독일의 경제부흥을 이용하여 장사를 하러 돌아왔을 뿐이다. 같은 곳.

33 Biller, Erinnerung, Schweig, 위의 책, S. 331.

일반인의 상식을 뒤엎고 독일에 남거나 독일로 돌아온 사람들은 이렇듯 개인적 삶의 궤적에 따라 다른 결정을 내리고 있다. 특히 「루리 그때와 지금(Lurie damals und heute)」(1997)에서는 기억과 과거극복의 문제가 유대인과 독일인의 시각에서 조명되는데, 역시 일반인의 인식과 반대의 상황을 다루고 있다. 일반적으로 독일인과 유대인은 가해자와 피해자, 숨기거나 침묵하고자 하는 자와 과거를 끊임없이 이야기하여 기억시키고자 하는 자로 나누어 생각되어 왔다. 그러나 위의 할아버지 예처럼 개인들의 삶은 이 이분법으로는 설명을 충분히 할 수 없다. 루리의 예는 이 반대 상황을 보여주고 있다. 유대인은 자신의 과거를 숨기고 소시민적 삶에 묻혀 살고 싶어하고, 역사를 기억하고자 하는 독일 교수는 증언을 요청하기 때문이다. 즉 일견 가해자가 피해자로부터 자신들 조상의 범죄를 듣고 기억하고 반성하고자 하는 긍정적이고 계몽적인 관계인 듯 보인다. 소설에서 동독 아이히슈테트 대학의 역사학과 뎀케 교수는 루리에게 과거를 증언해 달라고 전화로 요청한다. 슬로모 루리는 리타우엔에서 태어나고 에지스취스키의 대량 학살과정에서 살아남은 거의 유일한 유대인 생존자이다. 루리는 현재 뮌헨에서 자신의 과거를 감추고 여자친구와 더불어 안정된 중산층 삶을 누리며 살아가고 있다. 뎀케는 과거를 기억하고 이에 대한 기억을 후대에 전달한다는 취지에서 루리가 겪은 개인사를 대학에서 증언해 달라고 부탁한다. 그는 역사학 교수로서 조상들의 역사이지만 수치스러운 역사를 감추거나 왜곡시키지 않고 과거를 있는 그대로 듣고 보존하여 희생자를 기억한다는 계몽주의적·인도적·도덕적 의도에서 접근하고, 피해자는 극적인 생존자로서 자기 삶의 고통과 기적적인 생존을 증언하여 이를 남기기만 하면 되는 듯 보인다.

그러나 실제 역사와 그 가운데 살아간 수많은 개인들의 역사는 그렇게 간단명료하거나 단순하지가 않다. 일단 개인이 희생자로 공공의 영역에 등장하는 문제 역시 간단치 않다. 독일에서도 종전 후 희생자들의 윤리학이 사회에 자리를 잡고 희생자들이 자신의 고통과 삶을 증언하기까지는 오랜 시간이 걸렸다. 루리가 증언을 하지 않은 것은 개인적으로 당사자가 자신의 삶에서 기억하고 싶지 않은 가장 끔찍하고 복잡한 비극의 역사를 끄집어내는 것이 쉽지 않은 일이며, 또한 이것이 비겁하고 수치스러운 개인적 상처와 연결이 되어 있기에 더더욱 그러하다. 루리는 당시 상황을 혼자서 곰곰이 다시 되새겨본다. 어린 그는 부모가 처형장으로 끌려가는 것을 보면서 혼자라도 살아야겠다는 생각에 군인들에게 마당 토굴에 숨은 누나의 은신처를 가르쳐주고 그 혼란을 틈타 도주하여 목숨을 건졌다. 침묵 속에 묻힌 괴롭고 고통스럽고 복잡한 과거와, 이에 객관적 거리를 두고 역사의 요청이라고 하면서 도덕적·윤리적 잣대를 가지고 고찰하려는 대학의 현재 요구 사이에 서서 그는 증언을 거절한다. 그러면서 루리는 갑자기 뎀케를 공격하기 시작한다. 전화기 너머의, 이제까지 한 번도 본 적이 없는 역사학 교수가 진보적인 지식인처럼 보이는 편하고 격의 없는 복장과 외모를 하고 있을 것이라고 빈정댄다. 그의 복잡하고 참담한 과거를 알 리 없는 역사학 교수는 이러한 예상치 못한 루리의 반격에 대해 당황한다. 루리의 반격은 전면에는 학문의 자유와 양심을 내세우며 그 뒤편으로는 결과적으로 개인의 가장 아픈 과거를 파헤쳐 다시 이차적 상처를 주는 학자의 객관성과 무관심이 가져오는 실제적 심리적 폭력을 지적한 것이나, 뎀케는 이를 깨닫지 못한다. 작가는 뎀케가 과거를 기억하자고 요청하는 모습을 통해 독일 지성인들이 항용 보여주는 이러한 태도의 이중성과 허위성을 지적한다. 그들은 자신들이 그 시기를 살지 않았다고 해서, 자신들의 조상들이 저지른 일임에도 불구하고 과거에 거리를 두고 학자적·역사적 양심을 내세우면서 그 누구의 과거라도 파헤칠 수 있는 권리가 있는 듯 주장하기 때문이다. 루리의 내면적 상처를 알 수 없는 뎀케는 이를 다르게 해석한다. 그는 거꾸로 유대인들이 희생자가 가지는 도덕적 우월함 속에서 가해자에게 속죄의 기회조차 주지 않는다고 비난한다.

너희들은 아직도 여전히 정말 그렇게 우월하다고 느끼는구나. 너희들은 우리에게 영원히 기회를 주지 않는구나.[34]

작가는 희생자의 입장에서 한편으로는 유대인의 비극적 과거를 무고한 희생자의 고난이나 생존을 위한 어쩔 수 없었던 필연적 선택이라고 정당화하거나 미화하지 않는다. 다른 한편으로는 과거를 기억하자는 가해자 독일 측의 요구에 담긴 (무)관심의 거리와 피상성, 폭력성도 놓치지 않고 있다. 소설은 루리가 이미 오래전에 수화기를 내려놓고 정원과 집과 여자친구로 대변되는 소시민적 행복 속에 다시 숨어드는 광경으로 끝이 난다.

4. 동구권 출신 유대인: 블라디미르 카미너

1) 러시아 귀향 유대인들

통일 전후에 서독으로부터 경제 원조를 받은 소련은 그 대가로 자국과 동구권 유대인들에게 이주의 자유를 주었고, 이들은 미국, 독일 등으로 이주하기 시작하였다. 독일로 유입된 동구권 유대인들은 주로 대도시에 정착했고, 베를린의 한 지역은 원래 이름인 샤를로텐부르크가 아니라 구소련 스탈린그라드 지명을 본 따 샤를로텐그라드라는 별명으로 불릴 정도로 이들 동구권 유대인들의 집중 거주 지역이 되었다. 현재 독일에서 살고 있는 유대인의 대다수가 이들 90년대 이후 동구권에서 유입된 유대인들이다. 그러나 이들은 기존에 독일에 남았던 유대인들과 문화적 마찰

34 위의 책, S. 302.

을 빚고 있는데, 이들은 이미 동구 사회주의 국가에 적응하여 유대인으로서의 전통과 관습을 버렸고 할라카도 지키지 않는다. 그들은 사회주의 국가에서 태어나 성장하고 교육 받은 후 독일 사회에 유입되어 언어부터 시작하여 모든 것을 새롭게 익혀야 했다. 본인 스스로 이러한 과거를 가진 작가 카미너는 메가 베스트셀러 『러시안디스코』에서 다음과 같이 자신들이 유입된 정치적 배경에 대하여 자세히 상술하고 있다.

> 1990년 여름 모스크바에는 소문이 하나 쫙 퍼졌다. 호네커가 소련의 유대인들을 받아들여 주는데 근거는 동독이 이스라엘에 배상금 지불을 한 적이 없어, 이에 대한 보상이라는 것이다. 동독의 공식 선전에 따르면 모든 옛-나치들은 죄다 서독에 살기 때문이다. 수입-수출 무역을 하기 위하여 모스크바에서 서독까지 매주 왔다갔다 하는 많은 무역상들이 이 소식을 도시에 가지고 왔다. 이 소문은 빨리 쫙 돌아 다들 알고 있었다. 어쩌면 호네커만 빼놓고 말이다.[35]

이념적으로 모든 인민의 평등을 표방하는 소련 사회주의 체제하에서 공식적으로는 반유대주의가 존재하지 않았지만, 실제로 유대인은 공산당에 가입할 수 없었고, 또한 외국으로의 여행도 허가되지 않아 보이지 않는 차별을 느끼고 있었다. 그러나 동서독 통일과 페레스트로이카 이후 국경이 개방되고 특히 유대인들에게 먼저 거주 이전의 자유가 주어지면서 유대인들은 토착 러시아인들보다 훨씬 유리한 위치에 있게 된다. 유대인들은 전 세계의 인적 네트워크를 통하여 미국, 캐나다, 오스트리아, 혹은 동독으로 대규모로 이주하였고, 이러한 거주 이전의 자유 때문에 러시아에서 거꾸로 유대인이 되려는 붐이 일었을 정도였다. 카미너는 이 드문

35 W. Kaminer, Russendisko, München 2000, S. 9.

행운을 잡아 가장 먼저 새로운 기회의 땅 독일행을 감행하였고 동베를린으로 오게 된다. 본인 스스로 이야기하듯 독일을 택한 특별한 동기가 있었다기보다는 동독행은 이동에 복잡한 절차가 필요 없었고 기차 요금만 부담하면 되었기 때문이다. 물론 러시아에서 미래가 불투명했었던 작가에게는 하나의 탈출구가 필요했었다.

2) 작가 블라디미르 카미너

앞서 살펴본 빌러의 경우가 살아남은 유대인으로서 진지하다 못해 기괴하고 일그러진 어두운 현실상을 보여준다면, 카미너의 글은 이와 반대로 현재 자신이 살고 있는 독일 사회를 다루되 매우 경쾌한 방식으로 보여주는 팝 문학에 속한다고 볼 수 있다.[36] 그의 초현실주의적으로 현실을 낯설게 보여주는 과장된 문체는 『P 세대(Generation P)』를 발표한 러시아의 포스트소비에트 작가인 빅토르 펠레빈과 자주 비교되기도 한다.[37] 카미너는 비록 진지한 본격 순수문학에 속한다고 여겨지지는 않지만, 독일에서 가장 많이 읽히는 베스트셀러 대중작가로서 그의 작품들은 전후의 거의 유일무이한 문학적 현상으로 다루어지고 있다.

카미너는 앞서 유대인의 역사에서 언급한, 러시아에서 이주해온 유대인이다. 그는 자신이 떠나온 러시아 사회와 독일 사회를 번갈아서 대조시켜 관찰하고 묘사하면서 유머를 보여주지만 비판적인 시각을 놓치지 않고 있다. '다문화사회'를 강조하는 사민당과 '동화'를 강조하는 기민당이

---

36 카미너에 대해서는 졸고, 이민문학과 상호문화성 교육. 블라디미르 카미너의 텍스트를 중심으로, 실린 곳: 독어교육 36(2006), 393-417쪽 참조. 그에 대한 내용은 이 논문에서 상당 부분 발췌, 요약, 수정하였다.

37 S. Ledanff, Berlins neue Internationalität und kulturelle Aufbruchsentwicklungen nach der Vereinigung, in: Kikuko Kashiwagi/Michael Wetzel (Hrsg.), Interkulturelle Schauplätze in der Großstadt, Paderborn 2015, S. 88 참조.

블라디미르 카미너(Wladimir Kaminer)는 1967년 러시아에서 태어나 모스크바 연극학교를 졸업하고 배우와 스텝으로 일했다. 그는 고전문학에 대한 지식도 풍부하지만 청소년기에는 주로 서방의 대중음악에 더 심취하였다. 1990년부터 베를린에 이주해 다문화 예술가 거주 지역 프렌츠라우어베르크에 살며 글을 쓴 젊은 세대로서 독일에서 대중적 인지도가 높다. 그는 『타츠(taz)』나 『파츠(FAZ)』, 『슈피겔(Spiegel)』, 『포커스(Focus)』 등의 여러 신문과 잡지에 정기적으로 글을 기고할 뿐만 아니라, ZDF 방송국 〈모르겐매거진(Morgenmagazin)〉의 리포터이며, 베를린의 부르거카페(Burgercafe)에서 유명한 인기 댄스쇼 〈러시안디스코〉를 진행하고 있고, 또한 RBB 라디오 방송국에서 〈러시안디스코 클럽(Russendisko Club)〉이라는 방송을 진행하고 있다. 주요 작품으로는 『러시안디스코(Russendisko)』(2000), 『군대음악(Militärmusik)』(2001), 『쇤하우저 알레(Schönhauser Allee)』(2001), 『참신한 황금 젊은이들(Frische Goldjungs)』(2001), 『트루랄라로의 여행(Die Reise nach Trulala)』(2002), 『일상의 영웅들(Helden des Alltags)』(2002), 『나의 독일 정글북(Mein deutsches Dschungelbuch)』(2003), 『어머니, 걱정이에요(Ich mache mir Sorgen, Mama)』(2004), 『가라오케(Karaoke)』(2005), 『전체주의 부엌(Küche totalitär)』(2007) 등이 있다.

정권을 잡을 때마다 다른 목소리를 내면 독일의 이주민을 바라보는 사회적 분위기도 이에 따라 수시로 바뀐다. 또한 외국인과 관련된 테러 사건이 발생하면 진보적인 다문화사회 담론보다는 보수적인 통합을 강조하는 여론이 거세진다. 이 와중에서 카미너는 자신들의 문제임에도 불구하고 사회에 의견을 제시하지 못하고 속수무책으로 주류사회를 따라야만 하는 이주민 '당사자'로서의 입장을 보여준다. 물론 카미너답게 이 사건에 거리를 두고 유머러스하게 보여준다.

> 독일은 아주 민감한 나라이다. 네덜란드에서 이슬람 모스크 하나가 불타거나 오사마 빈 라덴이 뉴스에 나오면 바로 독일의 주도문화에 대한 논쟁이 불이 팍 붙는다. 높은 연단에서는 일상에서 주도문화가 중요하다고 고상하게 논의되며, 새로 들어온 사람, 원주민이 아닌 사람에게는 제발 좀 적응하는 것이 좋

을 것이라는 요구가 나온다. 일반 시민들 사이에서 이 지성적 논의는 아주 단순한 형식으로 다루어진다. 한 번도 본 적이 없는 사람들에게 길거리에서 느닷없이 복수형 반말로 날벼락이 떨어지기 때문이다. "독일 말을 쓰라니까. 너희들 지금 독일에 살고 있잖아. 여기는 독일 말을 쓰는 나라라고. 너희 고향으로 돌아가 주면 물론 제일 좋고." 주도문화의 수호자들이 모두 다 깨어나는 것이다.[38]

동독의 경우 과거 사회주의 공화국으로서 유대인 문제는 파시즘의 문제라고 규정하고, 공식적으로 서독을 파시즘 국가로 간주하였으며, 베를린 장벽조차도 '반파시즘 방어벽'이라고 불렀기 때문에 자신들은 제3제국이나 나치의 범죄와는 아무런 관련이 없다고 오랫동안 주장해왔다. 카미너의 『트루랄라로의 여행』에서는 베를린 장벽이 세워진 근거가 다음과 같이 유머러스하고 풍자적으로 설명된다.

독일 문제는 좀 더 복잡하다. 이 나라는 이데올로기 때문에 분단되기는 했다. 옛 나치들은 모두 서독에 둥지를 틀었고 반파시스트들은 사회주의 동독을 건설하였기 때문이다. 장벽은 그 이후에 생겨났다. 장벽은 분단 독일의 상징이자 서베를린 사람들이 특이한 습관을 발전시켰기 때문에 생겨났다. 즉 그들은 서쪽 자본주의에서 받은 임금을 물가가 싼 동쪽에서 지출했는데, 그 때문에 언제나 모든 가게들을 텅텅 비도록 싹쓸이해갔다. 그들은 동시에 두 말을 타고 있었는데 자본주의에서 돈을 벌어 사회주의에 와서 쓰는 것이다.[39]

문장의 전반부는 동서독 분단 문제를 정치적 이데올로기로 설명하고, 후반부는 인구에 회자되던 경제적 근거에서 베를린 장벽을 설명하고 있

38 W. Kaminer, Karaoke, München 2000, S. 105.
39 W. Kaminer, Die Reise nach Trulala, München 2004, S. 10.

다. 그는 복잡한 상황을 정곡을 찌르면서도 단순하게 묘사하되 항상 유머와 재치를 섞는 문체를 고수한다.

카미너는 많은 작품들을 썼는데 특히 『쇤하우저 거리』에서 베를린 다문화사회의 풍경을 묘사하고 있다.[40] 이 지역은 베를린 동북부 지역으로, 아직 경제적 기반이 튼튼하지 않은 대학생, 새로운 젊은 이주민 세대, 예술가들이 모여 새로운 다문화구역을 만들어 내고 있다. 카미너는 현재 베를린에 살고 있으며, 러시아에서 가족을 데려오고 독일에서 결혼하여 두 아이를 둔 전형적인 이민자 가정을 꾸리고 있다. 가족은 이웃과 더불어 그의 작품의 주요 등장인물들이다. 그의 작품세계는 가족을 이룸에 따라 이전에 성인사회만을 묘사하는 데에서 더 나아가 어린이사회, 학교사회 및 노인사회로 시야가 넓어지고, 독일 사회에 적응함에 따라 작품 내용도 변모하고 있다. 초기 작품에서 주로 타지에서 유입된 외국인의 입장에서 거리를 두고 독일을 관찰하고 있다면, 이후의 작품들에서는 점차 독일에 사는 이주민으로서의 정체성을 보여준다. 즉 초기 작품들이 러시아인의 눈에 다르게 보이는 독일 생활과 사회를 그리고 있다면 『어머니, 걱정이에요』 등의 최근 작품들은 이제 독일화된 러시아인으로서의 새로운 혼종화된 정체성을 보여주고 있다. 이 소설에서 두 아이들과 관련된 이야기들이 특히 많은데, 유치원이나 학교, 생일잔치 등 교육과 관련된 문제들, 혹은 테네리파 휴가 등의 여가문화를 묘사한다. 여전히 자신의 러시아에서 보낸 유년 시절과는 다른 점을 찾아내지만, 이미 새로운 관습이 몸에 익은 가족의 모습을 그리고 있다.

> 베를린에서 우리는 잘 먹고 잘 살고 있다. 집은 난방이 잘 되고 몇 년째 계속 읽혀지기만 기다리는 진짜 좋은 책들도 많다. 우리는 언제나 원할 때 점심을 먹을 수 있고 저녁에 텔레비전이 재미가 없으면 창문으로 쇤하우저 거

---

40 Kaminer, Schönhauser Allee 참조.

리도 내려다 볼 수 있다. 우리 사거리에서는 언제나 무슨 일이든 일어나니까. 유치원이 두 주 성탄절 방학을 하거나 수두 때문에 문을 닫아도 아이들이 끄떡 없이 잘 버티도록 장난감과 만화영화도 많이 있다. 사람들은 이러한 삶의 질에 쉽게 적응을 하고 더 이상 중히 여기지 않는다. 그래서 우리는 이를 다시 아쉬워하도록 일 년에 한 번씩 카나리아 섬에 휴가를 간다. 돌아오면 우리는 다시는 집을 떠나지 않겠다고 맹세를 단단히 한다. 그러나 겨울이 되어 날이 쌀쌀해지고 주변이 어두침침해지기 시작하면 모든 것은 처음부터 다시 시작된다. 아내는 아이들에게는 태양과 온기가 필요하고 그렇지 않으면 식욕도 나지 않는다고 말한다. 그리고 이 시간에는 유럽 안에서는 오로지 테네리파에서만 해를 볼 수 있다는 것이다.[41]

이제 화자는 독일을 제2의 고향으로, 즉 '선택한 고향(Wahlheimat)'이라고 느끼고 독일화되어 안락한 중산층 생활을 누리며 휴가도 정기적으로 간다. 그러나 카미너는 유년 시절을 사회주의 소련에서 보낸 다른 과거를 가진 작가로서, 독일인에게는 일상화되어 보이지 않는 이러한 평범한 생활이 가지고 있는 생활의 질, 안락함, 풍요로움 등을 "잘 먹고 잘 사는" 생활로 의식적으로 구별해내고 이를 언급한다는 점에서 독일인과 같으면서도 다른 시각을 보여준다.

41 W. Kaminer, Ich mache mir Sorgen, Mama, München 2004, S. 81.

5. 다문화사회와 탈민족사회에 대한 꿈: 에미네 세브기 외즈다마

1) 터키계 작가들

다음으로는 독일 이주민 사회의 가장 큰 축을 이루는 터키계 작가들을 살펴본다. 우선 1세대 작가들 중 가장 인지도가 높은 작가의 한 명인 에미네 세브기 외즈다마는 독일 다문화사회에 대하여 전반적으로 낙관적인 견해를 펴는 작가이며, 다른 한편 독일 주류사회의―터키든 독일의 터키 공동체든―터키 여성에 대한 편견들을 차례차례 깨어나가는 페미니즘 작가이기도 하다. 여성 이주민들은 남성 이주민과 같은, 그리고 동시에 다른 역사를 그려낸다. 독일 주류사회는 터키계 여성들이 터키뿐 아니라 독일에서도 전근대적인 봉건적 가부장제에서 신음한다고 보고 있지만, 글을 쓰는 터키계 여성들은 자신들의 삶을 자신들의 시각으로 다르게 그려낸다. 외즈다마가 그려내는 터키상, 독일상은 매우 독특하며, 민족, 문화, 계급, 젠더라는 관점에 있어서 터키계 남성작가들과 구분되고 있다. 그녀의 작품은 독일인들이 궁금해하는 터키라는 나라의 여성들의 삶에 대해서 독자들의 '이국적' 관심에 부응해 묘사한다는 특징도 다소 보이지만, 다른 한편으로는 독일인들의 기대와 달리 터키의 전통적 공동체 삶 안에서 이어져 내려온 강력한 자의식 및 활력 넘치는 모계적 전통을 그리는 동시에 터키 사회에 대한 여성으로서의 비판도 같이 담고 있다. 그녀의 작품 대부분은 자전적 성격이 강하고 당시의 실제 현실을 그대로 재현하는 면이 강하기 때문에, 일부 작품들은 거의 동독 사회의 연극 등 특정 분야에 대한 시대적·역사적 기록물과 같은 성격을 지니고 있기도 하다.

2) 작가 에미네 세브기 외즈다마

외즈다마가 십대의 어린 나이에 손님노동자로서 베를린의 한 공장에서 일했던 과거를 보여주는 소설『골든 혼의 다리』같은 경우, 한편으로는 여성 이주노동자의 보편적 삶을 보여준다고 할 수 있지만, 다른 한편 자유분방함, 경쾌함, 생생함, 낙관주의, 열린 생각들에서 이미 다른 이주민들의 경험과는 차별성이 있다. 대부분 1년 노동계약을 맺고 온 여성 손님노동자들은 베를린 소재 텔레풍켄 전기회사의 라디오 공장에서 노동자로 일을 하고 기숙사에서 공동생활을 하지만, 이들은 타지에서 터키에서는 생각하기 어려운 나름대로의 새로운 삶을 기획한다. 이들은 한편으로 외국인으로서 타지에서 고향에 대한 향수에 젖으면서도, 다른 한편 "노동자는 고향이 없다. 일이 있는 곳, 그곳이 바로 고향이다"라는 모토로 새로운 환경에 적극적으로 적응하려 한다.[42] 공장노동자로서의 단순한 생활이 반복되던 기숙사에 사회주의 운동을 했던 연극연출가가 기숙사 사감으로 부임해오면서 이들의 삶에는 큰 변화가 일어난다. 사감은 직공들에게 독일어를 가르치면서 동시에 연극을 가르치는데, 특히 브레히트 등의 사회비판극을 가르친다. 이들은 서베를린의 공장에서 일하지만, 당시에는 큰 어려움 없이 동베를린으로 건너가 베를리너 앙상블 등에서의 연극을 보러 다니고, 헬레네 바이겔 등 브레히트 연극과 관련된 유명 인물들을 실제로 보게 된다. 또한 베를린에서 서독 대학생들이 벌인 반베트남 전쟁 시위, 68운동 등도 자신들의 두 눈으로 목격하고, 독일 68운동의 선구자 두취케 등의 연설을 직접 듣게 된다. 노동계약이 끝나고 이스탄불로 돌아간 주인공은 독일 베를린의 사회운동과 청년운동에 영향을 받아 터키의 민주화운동에 가담하게 된다. 이들에게 분단 시절의 베를린은 브

42 E. S. Özdamar, Die Brücke vom Goldenen Horn, Köln 1998, S. 46.

에미네 세브기 외즈다마(Emine Sevgi Özdamar)는 터키에서 태어나 1967년에서 70년까지 이스탄불의 연극학교에 다녔다. 독일에 이주노동자의 자격으로 왔다가 귀국 후 민주화 투쟁을 하였으며, 1976년에는 독일 동베를린으로 '전방으로의 도피'를 떠나 '민중극단'에서 베노 베송과 마티아스 랑호프 아래서 브레히트와 괴테 드라마 연출기술을 배웠다. 독일의 이민자 문학 가운데 가장 먼저 주목을 받았던 터키계 여성작가로, 대표작은 『엄마 혀(Mutterzunge)』(1990), 『인생은 숙박소(Das Leben ist eine Karawanserei)』(1992), 『골든 혼의 다리(Die Brücke vom Goldenen Horn)』(1998), 『거울 속의 마당(Der Hof im Spiegel)』(2001), 『기이한 별들이 땅을 보네(Seltsame Sterne starren zur Erde)』(2003)가 있다. 잉에보르크 바흐만 문학상과 아델베르트 폰 샤미소 상, 리터라투어 상, 클라이스트 상 등 수많은 문학상을 수상하였다.

레히트 연극을 같이 만든다는 동료의식이 당시의 동서 냉전 현실이나 낯선 이주민노동자 현실보다 더 강하게 작용한 공간이다.

주인공은 터키와 독일이라는 두 민족국가의 경계뿐 아니라 독일 내부의 사회주의와 자본주의라는 이념적 경계 사이에서 움직인다. 작가는 자주 언어와 말을 의인화시켜 사회상황을 묘사하는데, 이로써 터키, 동독, 서독을 비교하고 있다. 우선 고국의 언어는 병이 든 언어라고 진단을 내린다.

> 나는 우리나라 말 안에서 불행해요. 우리는 몇 년 전부터 "그 사람들은 그들의 목을 매달 것이다" 이런 말만 해요. 그들의 머리는 어디에 있나요? 사람들은 그들의 무덤이 어디에 있는지도 몰라요. 경찰은 시체를 내주지 않거든요! 단어들은 병이 들어 있어요. 우리나라의 단어들은 병들은 근육처럼 요양소가 필요해요. (…) 단어가 다시 건강해지려면 얼마나 긴 시간이 필요할까요? 사람들은 외국에서 모국어를 잃어버린다고들 말하지요. 자기 나라에서는 그러면 모국어를 잃어버리는 일은 일어나지 않나요?[43]

작가는 언어와 질병이라는 은유를 통해 고국 터키의 사회현실을 비판한다. 비록 몸은 독일이라는 낯선 땅으로 이주해왔고 또한 낯선 언어인 독일어로 글을 쓰고 있지만 초창기에는 주로 떠나온 터키의 현실이 작품의 소재였다. 작가는 억압적인 독재 상황에 놓인 터키에서 언어는 불행하고 병들어 있다고 서술하고 이 언어는 요양이 필요하며 건강해져야 한다고 말한다. 터키 사회에서 사회개혁운동에 가담한 주인공의 이력과 연결되는 부분이다.

주인공은 서베를린 중심에 소재한 빈곤 거주 구역이라 할 베딩에서 대학생들의 거주공동체(WG)에 집을 구하고, 동베를린의 판코우에 위치한 민중극단(Volksbühne)인 베노 베송의 극장에 연극 연출을 배우러 다니게 된다. 동독에서의 연극작업은 주인공에게 언어와 문학, 연극에 대한 새로운 희망을 심어준다. 70년대의 베를린은 분단도시로서 외국인은 동서왕래가 가능하지만 전체적으로 보면 위축되고 빗장 걸린 도시였다. 동독의 지식인들도 이러한 동서독 간의 냉랭함을 비판한다. 그러나 60년대 말부터 조용하지만 강력한 시민 저항운동이 일어난 도시이기도 하다. 이 민중극단에는 이미 주인공 외에도 인도, 일본과 남아메리카에서 연출을 배우기 위해 온 동료들이 있다. 주인공은 냉전의 현실 속에서 자신이 사회주의 운동에 더 친근감을 느낌을 알게 된다. 동독의 현실에서도 터키와 마찬가지로 언어의 중요함이 강조된다. 터키의 독재정치에 저항하여 브레히트의 연극을 무대에 올리고, 정권과 경찰의 탄압을 받으면서도, 사회개혁을 꿈꾸는 주인공은 조국인 터키보다, 혹은 자본주의적 풍요로운 현실에 안주하는 서독보다, 동독의 깨어 있는 사회주의에 개인적으로 더 가까움을 느끼게 된다. 동베를린에서 주인공은 비판적인 페미니스트 지식인이자 실제 인물인 가비 기지, 모니카 마론 등을 사귀게 된다. 기지는 페

---

43 위의 책, S. 23.

미니스트이자 동독 체제에 대한 비판자이지만 동시에 서독 자본주의 체제에 대한 비판자로서 서독 측에서 행하는 동독 비판에 동조하지 않는다. 서독 측이 행하는 이국문화인 터키 문화 비판도 마찬가지로 신뢰하지 않고, 그 가운데 자리한 서구 중심주의와 인종주의를 비판한다.

> 서독의 텔레비전을 보면 서독 여자가 밸리 댄스를 배우면서도 동시에 동방 여성들의 저자세를 비난하고 있다. 이때 이 서독 여자에게는 자기가 밸리 댄스 연습을 하면 이는 개인적이고 에로틱한 표현이라고 이해된다. 그러나 터키 여자가 밸리 댄스를 추면 가부장사회에서 남자들에게 보여주는 여성의 저자세를 의미한다. 터키 여자들은 시스템으로 설명하고, 반면 독일 여자들은 자신의 특별한 개인사를 가지고 설명한다. 이게 바로 인종주의가 아니면 무엇이란 말인가.[44]

독일 내의 터키계 여성시민에 대한 문화적 담론은 특히 '머리두건(히잡)'을 소재로 벌어졌다. 이는 다양한 시각에서 조명되고 있으며, 두건을 쓴 여교사를 채용할 것인가의 문제는 법의 심판 대상이 되었다.[45] 이 두건 논쟁에는 독일과 터키의 문화차이뿐 아니라 가부장제와 페미니즘, 공동체주의와 개인주의, 전통과 현대의 많은 논쟁들이 개입되어 있다. 이제까지 독일 사회는 여인이 두건을 쓰는 것은 터키의 오랜 전통을 지키는 것이라는 입장과, 이것은 터키 가부장제의 여성 억압일 뿐이라는 측이 대립해왔었다. 그러나 현재 독일에서 두건을 쓰기로 자발적으로 결심한 젊은 여성들은 이 행위가 자신들의 개성의 표현이고 자기주장이라고 말한다.

---

44 위의 책, S. 201-202.

45 학교 교사 채용에 있어 두건을 쓴 여성 지원자를 탈락시킨 사건을 두고 벌어진 재판이다. 재판 결과는 독일에서는 상위법에 없는 규정이라는 법리 해석으로 끝났으나, 사회와 미디어에서는 이 사건을 독일 사회가 이슬람 문화를 용인할 것인가의 측면에서 논쟁적으로 다루었다.

동독의 가비 기지는 주인공의 솔직함과 낙관주의를 칭찬하면서 동독의 긍정적 현실뿐 아니라 동독의 억압적 현실도 동시에 살펴볼 것을 요구한다. 작가는 이들을 통해 동독 사회의 억압과 언어의 억눌림에 대해서도 부분적으로 묘사한다. 당시 서베를린에 거주지를 정한 작가는 서독의 현실에 대해서도 비판하게 되는데, 이는 소비자본주의 사회체제 속에서 언어가 통용되는 형태에 대한 실망이다.

> 동베를린에서 단어들은 큰 힘을 가지고 있다. 서독에서 사람들은 모든 것을 쓰고 말을 할 수 있다. 그러나 그곳에서 단어들은 힘이 없다. 정보가 너무 많고 신물들도 너무 많이 나 있다.[46]

그렇지만 전반적으로 동서 베를린을 오가며 연극작업에 참여한 주인공의 삶은 대체로 터키계 여성 이주민의 적극적인 꿈과 희망, 이상을 보여주고 있다.

통일 이후 서베를린에 사는 터키계 여주인공의 삶을 보여주는 『거울 속의 마당』에서는 이전의 젊은이들의 열정과 열광, 폭풍 같은 사랑은 사라지고 중년 작가의 잔잔한 필치로 주변의 독일 사람들과 별 마찰 없이 독일 사회에 잘 적응한 모습을 보여준다. 주인공은 독일 사회의 한 시민으로서 보다 평화로운, 국적이 장애가 되지 않는 삶을 희망하고 있다. 이들 이주배경을 가진 시민들에게는 지역적 정체성에 기반한, 탈민족적인 열린 사회가 바라마지 않는 이상적 사회이다. 앞서 통일 이후의 외국인 정책에서 살펴보았듯이, 독일 법이 변경되어 부모가 합법적으로 8년 이상 독일에서 거주했을 때 이들 사이에서 독일에서 태어난 터키계 자녀들은 독일 여권을 발급 받을 수 있게 되었다. 18세가 되면 두 나라 국적 가

46 Özdamar, 앞의 책, S. 215.

운데 하나를 선택해야 하지만, 이 시민권 정책은 이주민들에게 진보라고 평가할 만한 변화이다. 그러나 여전히 현실에서는 '독일 여권을 가진 외국인(Ausländer mit deutschem Pass)'이라는 표현에서 보듯이, 비록 독일에서 시민권을 발급받았다 하더라도 여전히 외국인으로 간주되고 온전히 독일 시민으로 받아들여지지 않는다. 이러한 현실에서 작가의 유머가 깃든 상상적 대안은 다중여권이다.

세상의 모든 사람들은 아마도 적어도 19개의 여권을 가져야 할 것 같다. 터키인이 그리스나 아르메니아로 갈 때 그는 독일이나 프랑스 여권을 보여주면 된다. 이스라엘로 가면 터키 여권을 보여준다. 프랑스인이 알제리로 가면 그의 스웨덴 여권을 보여주고 독일인이 네덜란드에 갈 때면 아일랜드 여권을 보여줄 수 있다. 그러나 이것도 성가시다. 사람들은 먼저 역사를 공부해야 할 것이니까. 누가 누구에게 400년 전에 무슨 짓을 했는가를 어떻게 알 수 있단 말인가. 아니면 그는 아침마다 텔레비전에서 교통혼잡방송 대신 여권혼잡방송을 들어야 할 것이다. "오늘은 어떤 나라에서 어떤 여권으로 가야 할까요?"

나는 이쯤에서 니할의 말을 인용하고 싶은데 그녀는 청소부로 먹고 살았고 애가 둘이 있다.

"이중 여권에 대해 어떻게 생각하지?"
"나는 가능하면 독일 여권을 신청할 거야. 애들 때문에. 애들은 여기서 태어났잖아. 그러나 우리 모두는 이 세상의 손님에 불과해. 우리 중 누구도 이 세상에 영원히 머무를 수는 없어. 우리 모두 가게 될 거야. 우리 모두는 이 세상의 이방인들이야. 결국은. 모든 사람을 위한 하나의 여권이면 최고일 텐데. 세계여권 말이야.[47]

---

47 E. S. Özdamar, Neue Friedhöfe in Deutschland, Der Hof im Spiegel, Köln 2001, S. 124.

대부분의 이주민 작가들은 특정 민족국가의 경계와 정체성에서 벗어나 이렇듯 국가를 초월한, 다문화 사이에서 네트워크를 이루고 사는 것을 꿈꾸고 있다.

6. 이민 2세들의 희망과 절망: 야데 카라

1) 이민 2세들과 정체성 논쟁

이주민 문제를 고찰할 때 2세들의 문제는 1세들의 문제와 성격과 양상이 다르다. 이민 1세대들은 고향 개념이 비교적 뚜렷하고 고정되어 있으며 정체성의 바탕을 이룬 유년 시절을 보낸 고향을 떠나 다른 문화권으로 이주해왔다는 거리를 강조하면서 새로운 사회에 적응하고자 한다. 독일 내의 터키인들은 이미 거의 200만 명에 육박하고, 독일은 터키 외부에 터키인들이 가장 많이 사는 나라가 되었다. 터키 내의 상류층이나 부유한 계층은 대체로 미국 유학과 이주를 선호하는 경향을 보인다. 독일에 이주노동자로 이동한 계층은 주로 아나톨리아 등 농촌 지역 출신의 가난한 터키인들이다. 이러한 출신과 성향도 독일 내에서의 이주민 삶의 방식에 영향을 미친다. 독일 주류사회의 입장에서 볼 때 터키 공동체의 경우 경제적 차이보다는 무엇보다도 종교적·문화적 차이가 두드러지고, 때문에 이들이 독일 사회에 동화하려 하지 않는다고 비판한다.

> 이민자들 사이에도 차이가 있다. 그리스, 이탈리아, 스페인 등에서 온 이들을 포함하여 다른 유럽 국가로부터 온 이민자들은 아무런 문제가 없다. 그들은 모두 독일 사회에 잘 적응하면서 살아가고 있다. 그런데 오직 터키인들만이

동화의 의지가 전혀 없다. 그들이 진짜 문제인 것이다.[48]

전반적으로 터키인에 대한 부정적 인식도 그들의 변모하지 않는, 여전히 다른 집단으로 남아 있는 낯선 문화를 향하고 있다. 강한 남성 가부장제도와 두건을 쓴 여인들, 그리고 독일 사회에 적응하려 하지 않는 폐쇄적 공동체가 이들의 이미지를 만든다.[49]

그러나 터키 이민 2세들은 이러한 독일 주류사회의 터키 이미지와 자신들 사이에 거리를 두려 한다. 이들은 이미 자신들이 태어난, 또한 거주하는 사회에 문화적으로 정체성을 느끼고, 부모의 고향보다 현재 거주하는 독일 사회를 더 가깝게 느낀다. 이들 2세들은 '지역적(lokal)'이면서도 동시에 '탈민족적인(transnational)' 정체성을 주장한다. 이들은 독일인이냐, 터키인이냐보다는 자기들이 사는 도시 베를린에 속하는 사람이라는 데에 더 큰 정체성을 느끼는 것이다. 헌팅턴을 위시해서 기존 사회나 주류사회의 분석이 이들이 두 문화 사이의 충돌과 갈등 속에서 뿌리를 잃고 또한 고향도 그 사이에서 갈등하고 있다고 주장하는 반면, 실제로 이들은 기존 사회 및 이주민 공동체와 다양한 관계를 맺고 있다. 벡-게른스하임(Elisabeth Beck-Gernsheim)은 이러한 맥락에서 이들 2세들이 기존 주류사회의 인식과 달리 훨씬 다양하고 복잡한 '조각보 정체성(Patchwork-identität)'을 가지고 있고, 동시에 기존 사회에 다양한 접촉점과 맥락을 가지고 살아가고 있다고 말한다.[50]

그러나 통일은 이들을 다시 단순하게 터키인으로 분류시켰다. 때문에

48 유정희, 영원한 이방인. 독일의 터키 공동체, 실린 곳: 한국독일사학회 18(2009), 158쪽 참조.

49 또한 『빌트(BILD)』 같은 거리의 황색 대중지들은 이주민들이 관련된 범죄가 일어날 때마다 이를 대서특필하여 이주민 집단은 범죄자 집단이라는 이미지를 전달하고자 한다.

50 E. Beck-Gernsheim, Wir und die Anderen. Vom Blick der Deutschen auf Migranten und Minderheiten, Frankfurt a.M. 2004, S. 102 이하.

이민 2세들이 통일 이후에 느낌 당혹감이나 실망은 더 큰 것이었다.

> 사람들은 개인적으로 노력하면, 즉 이 동화란 것들을 열심히 하면 우리를 받아줄 것이라고 생각했다. 그러나 통일 이후 알게 된 것은, 잊어버려라, 그래 보았자 소용없다였다.[51]

고국을 떠나온 1세들이나 1.5세들은 자신들이 완전히 독일 사회에 동화되었다고 느끼지 않기 때문에, 또한 독일인이라고 느끼지 않기 때문에 통일 이후 고조된 민족 열기나 외국인 차별에 대해 현지에서 태어난 2세들보다 덜 민감하게 받아들인다.

2) 독일-터키의 이중 시각에서 쓰인 전환기 문학

『안녕 베를린』은 베를린 장벽이 무너진 이후 독일 사회의 변화를 다룬 소위 '전환기 문학'이 봇물처럼 쏟아지다가 그 붐이 지나간 후의 휴지기에 나온 문학으로서, 독일-터키적 시각이라는 완전히 새로운 시각에서 통일 독일을 다룬 전환기 문학이다.[52] 이 작품은 베를린 장벽이 무너진 날부터 다음 해 10월 3일 통일조약이 맺어지기까지의 1년을 다루고 있다. 터키 이민자들의 일반적이고 보편적 문제를—때로는 작위적이라는 인상을 줄 정도로—가족 문제 속에 전형화시켜 형상화하였다. 젊은 작가의 데뷔작으로 새로운 시각에서 통일이라는 주제를 다루어 많은 주목을 받았고,

---

51 N. Çil, Die Mauer fiel uns auf den Kopf (http://www.taz.de/1/archiv/?id=archivseite&dig=2004/11/08/a0246) 참조.

52 이 소설 분석에 대해서는 국내에서는 졸고가 유일하다. 졸고, Raum und Identität in der Literatur der zweiten Migrantengeneration. Fatih Akins Film Gegen die Wand und Yadé Karas Roman Selam Berlin, 실린 곳: 독일문학 108(2008), 278-301쪽 참조. 작품분석에서 이 논문을 상당 부분 발췌하였다.

여러 상도 수상하였다.[53]

작가인 카라도 지적하듯이 통일로 인한 변화를 살펴보면, 구 서독인들은 흡수통일 방식으로 통일이 진행되어 자신들의 체제가 그대로 유지됨으로써 큰 변화가 없었고, 구 동독인들은 모든 분야에서 큰 변화를 겪었기 때문에 소위 '전환기 문학'은 주로 동독에서 나왔다. 전환기 문학이 통일로 인하여 변화와 시련을 겪은 집단들이 쓰는 문학이듯이, 이 작품도 통일 이후의 변화를 기록한 문학이다. 동서독의 통일에서 동독 작가들이 전환기 문학의 주요 작가로 등장했다면, 독일-터키 전환기 문학을 쓴 작가들은 서독 출신의 이주민 작가라는 것이 특이한 점이다. 즉 각기 관계를 살펴보면 보다 더 약자, 보다 더 소수자의 입장에 선 집단이 자신들의 목소리를 내기 위해 글을 쓴 것이다. 이들은 실제로 통일 이후 경제적·사회적 삶에서 큰 변화를 겪었다기보다는 문화적·사적 삶에서 더 큰 변화와 차별을 경험하였다는 것이 중요하다.

3) 작가 야데 카라

작가인 야데 카라는 독일의 터키 공동체에서 성장한 이민 2세대이다. 소설 『안녕 베를린』의 내용은 통일 후의 이주민들에게 닥친 현실을 다루어 실제로는 폭력 등 심각한 내용을 담고 있고, 전반적으로 작품의 분위기가 무거울 수도 있었지만, 작가가 젊은이들 특유의 가볍고 대중적인 문체로 소설을 썼기 때문에 팝 문학적 성격도 다분히 지니고 있다. 소설의 특징 중 하나는 독일 사회의 터키인에 대한 전형적인 클리셰를 자주 사용하는 것인데, 이를 반복하여 사용하면서 동시에 의문시하고 무화시키고 있다.

---

53 Y. Kara, Selam Berlin, Zürich 2004. 이 소설은 2004년 아델베르트-폰-샤미소 장려상을 수상했고, 2004년 최고 데뷔작 상을 수상했다. 그러나 다른 한편으로는 특정 집단에 대한 클리셰를 많이 활용하였다는 이유로 본격문학이라기보다는 통속문학으로 분류되기도 하였다.

야데 카라(Yadé Kara)는 1965년 터키 동아나톨리아에서 태어나 서베를린에서 성장했다. 대학에서 영문학과 독문학, 특히 쉴러의 연극을 공부했다. 베를린뿐 아니라 런던, 홍콩, 이스탄불에서 배우로, 교사로, 언론인으로 활동했다. 최초의 장편소설 『안녕 베를린(Selam Berlin)』(2003)으로 2004년 독일 올해의 책 상과 아델베르트-샤미소 장려상을 받았다.

주인공 하잔(Hasan Kazan)은 독일로 이주해온 부모님을 따라 베를린에서 태어나 성장했지만, 정체성을 잃을까 걱정하는 부모에 의해 이스탄불의 학교로 다시 보내진 터키 청소년이다. 그의 아버지는 1세대 이민자로 마르크시즘과 기계공학을 배우러 독일에 온 의식 있는 지식인이었지만 착오로 동독이 아니라 서독에 도착하는 바람에 인생 계획을 바꾸었다. 그는 여행 사업에 몰두하여 서베를린 크로이츠베르크에 여행사를 차리고 동베를린과 터키를 오가는 독점 항공운항권을 따내게 된다. 여행 사업이 번창하면서 터키인으로서는 드물게 분단 냉전시대에 동서베를린을 자주 자유롭게 왕래할 수 있었던 그는 본부인 몰래 동베를린에 두 번째 부인과 아들 아뎀을 두게 된다. 즉 그는 이스탄불에 정식 부인과 아이들을, 서베를린에 자신의 사업장을, 동베를린에 또 다른 가족을 두고 있다. 문제는 예상치 못한 시기에 독일이 갑자기 통일이 되면서 동서베를린에 사는 두 가족이 만나게 되는, 개인적인 희비극적 상황이 발생하는 데에 있다. 통일과 만남은 통합과 평화만을 가져오는 것이 아니라 분열과 갈등을 가져온다. 이제까지 유지되어왔던 그의 비밀스러운 사생활이 들통나고, 이는 평화로웠던 가족의 분열을 가져오는 골치 아픈 문제로 등장한다. 통일은 분열이다.

장벽은 가족들을 서로 분리시키고 있었다. 그리고 많은 사람들이 그 때문에 고통을 받았다. 그러나 바바는 장벽이 암석처럼 떡 버티고 서서 우리가 로자나 아뎀에 대해 아무것도 모르는 것에 대해 기뻐했었다. 바바는 이에 대해 확신이 있었고 이 관계를 가능한한 오래 유지할 필요가 있었던 그에게 장벽은 안정감을 주었다. 다른 것은 더 이상 내가 설명할 수 없었다. 장벽이 없었다면? 바바는 돌았을 것이다. 그런 배짱은 아버지는 없었다. 진짜로 없었다.[54]

통일이 아버지에게는 일반 독일인들과는 정반대로 가족의 재결합이 아니라 가족해체의 위기로 다가온 반면, 아들에게는 새로운 기회로 다가온다. 19세의 하잔은 어린 시절 베를린에서 성장했지만 부모의 압력으로 이스탄불에서 고등학교를 졸업하고 자신의 미래를 고민하던 중, 텔레비전에서 베를린 장벽이 무너지는 열광적인 역사의 장면을 목격하고 어린 시절의 고향이 자신의 새로운 미래의 활동영역이 될 것이라 생각해서 자발적으로 베를린행 비행기를 탄다. 베를린 다문화사회의 가능성을 믿고 있는 하잔과 친구 카짐의 소원은 메트로폴리스 베를린에서 '베를린 사람'으로서 부모의 속박과 터키의 속박에서 벗어나 자유롭게 사는 것이다. 즉 그들에게는 이 도시가 주는 지역적·문화적 정체성이 중요한 것이고, 아버지 세대의 민족적·국가적 정체성은 아버지 세대에게만큼 큰 역할을 하지 않는다. 그래서 이들은 터키 이민 1세들의 집단 거주 구역인 크로이츠베르크를 벗어나 쇠네베르크, 프렌츠라우어베르크 같은 새로운 다문화 구역에서 자신들의 정주지를 찾으려 한다.

"크로이츠베르크에서 사는 것은 한 물 간거여"라고 카짐이 말하면서 담배에 불을 붙였다.
"왜? 내가 그새 뭐 놓친 게 또 있니?"
"빈터펠트 동네가 요새 짱이야."
"진짜?"

54 위의 책, S. 304.

> "그래 그래, 거기서는 누구나 다 만날 수 있어. 예술가, 대학생, 터키 가정주부, 영화제작자, 그리고 나이든 불법거주자… 모두 다."[55]

통일 이후의 외국인 테러

통일은 하잔 자신이 상상했던 것과 다른 방향으로 흘러갔고, 그의 개인적 신변에 영향을 주기 시작한다. 베를린에서 나고 자란 자신이 진짜 베를린 사람이라 생각하는 하잔은 지하철을 타고 혼자서 동베를린 사람과 서베를린 사람을 구분하는 놀이를 해본다. 이전에 동서베를린이 분단되었던 상황에서만 살았던 그에게 동독과 서독은 분명히 다른 사회였고, 새로운 통일 베를린의 모습과 길거리에서 만나는 동베를린 사람들은 낯설고 신기한 풍경을 이룬다. 하잔은 동베를린 사람들이 외모, 복장, 언어, 행동거지에서 확연히 다르다고 느끼고 관찰하지만, 동시에 지하철 승객들이 자신을 유심히 관찰함을 인식하게 된다. 그는 고향이라 생각했던 베를린에서 갑자기 자신이 낯선 이방인임을 인식하게 된다.

> 내 까만 머리 때문에? 아니면 내 찰리 채플린 가방 때문에? 왜 저렇게 보는 거지? 나는 갑자기 베를린 지하철에서 낯설다는 느낌을 받았다. 나는 사실 베를린 지하철과 같이 성장했다고도 말할 수 있다. 나는 모든 역을 알고 모든 다리도 알고 모든 커브 길의 소음을 속속들이 알고 있다. 나는 거의 베를린 지하철 노선도를 뇌에 문신해 넣은 듯 알고 있다.[56]

야데 카라의 다른 작품들에서 다루어지는 주인공들의 정체성 문제는 여기에서도 다루어지는데, 특히 베를린이 그의 고향이라고 생각하는 이

55 위의 책, S. 77.
56 위의 책, S. 21.

민 2세들에게 새롭게 대두된 정체성 문제는 심각하다.[57] 작가는 소설에서 이들 터키 이민 2세들과 통일 이후 하나가 된 통일 베를린 사람들의 갈등과 충돌을 주제화하고 있다. 하잔은 통일 독일에서 우연히 영화에 출연할 기회를 갖게 되면서 흥분한다. 드디어 자신이 할 일을 찾았기 때문이다. 감독은 함부르크에서 온 독일인 볼프인데 스스로 다문화사회를 지지하고 열린 마음을 가지고 있다고 주장하는, 지지도와 인지도가 높은 중견 영화감독이다. 그는 70년대식의 진부한 속물 부모, 고리타분한 학교와 지역사회에 대한 젊은이들의 반항, 그리고 반체제운동에 대한 영화로 유명해진, 사회비판적이고 진보적인 감독이기도 하다. 그는 함부르크 출신으로 베를린에 새로이 입성했고, 베를린의 다문화사회를 배경으로 영화를 찍고 싶어 한다. 그러나 그가 다문화사회와 그 갈등을 바라보는 시각은 이제까지의 비판적 관점이 아니라 보수 주류사회의 관점이다. 이 점에서 작가는 독일 지식인 사회의 편협성을 비판하고 있다.

함부르크에서 베를린으로 온 볼프는 독일인임을 내세워 오히려 베를린에서 태어나고 자란 하잔과 아뎀을 외국인 취급한다. 그가 만드는 다문화사회에 관한 영화는 '무기 밀수, 마약과 터키인'이 주제이다. 이미 제목에 주류사회가 소위 '크로이츠베르크 젊은이'들을 바라보는 시선에 대한 클리셰가 그대로 담겨 있다.

---

57 예를 들어 새로운 방을 구하는 하잔에게 집주인은 다음과 같이 물어본다.

> "어디 출신이에요?" 그 여자는 팔짱을 꼈다.
> "베를린이요!"
> "내 말은 어디에서 왔냐고요?"
> "크로이츠베르크요."
> 이 대답은 충분치가 않았다. 계속 파고들어 왔다.
> "어느 나라 사람이냐고요?"
> "베를린 사람이요." 나는 자랑스럽게 말했다. 그러나 이것 역시 답이 되지 못했다.
> "당신 아랍 사람이지요. 아니에요? 터키 사람이지요, 맞지요?!" (위의 책, S. 189)

나는 딜러 메메트 역이고 그는 딜러 나디르 역이다. 주제는 가족의 명예이다. 메메트는 나디르를 죽이라는 명령을 받는다. 나디르가 자기의 여동생을 임신시키고 경찰에게 밀고했기 때문이다. 싸움이 벌어지고 메메트는 나디르를 칼로 찌른다. (거의 터키식 애정 영화 같은) 복수, 피, 명예, 수치, 살인이 담긴 크로이츠베르크 버전의 웨스트사이드 스토리이다.[58]

주인공은 자기 집단에 대한 이야기를 찍는 영화에서 주류사회의 타자 클리셰가 반복되는 것을 보고 실망한다. 영화감독은 자칭 진보적 예술인임에도 불구하고 베를린에서 자라난 터키 2세들의 실상을 전혀 이해하지 못하고 이해하려고도 하지 않는다. 그는 다른 문제에서는 독일에서 진보진영을 대변하지만, 이 문제에 있어서만은 보수적인, 독일 주류지식인사회와 차이가 없다. 그의 눈에 터키계 청소년들의 복합적이고 혼종적인 정체성은 보이지 않고, 이들은 두 극단적으로 다른 문화 사이에서 문화의 충돌로 괴로워해야 하는 집단으로 간주되는 동시에, 독일 주류사회에 위협적인 범죄자 집단으로 분류된다. 감독은 헌팅턴 류의 문명의 충돌과 분리주의 시각을 가지고 있다. 자신이 선택한 배우들의 실제 현실과 삶을 보면서도 이를 무시하고, 또한 라일라와 카짐에 대한 테러를 목격하면서도 주류사회의 잘못된 선입견과 이에 기반한 기대에 부응하는, 다시금 클리셰를 양산하는 영화를 만들려는 감독의 태도에서 하잔은 실망을 거듭한다. 즉 이민 2세인 하잔의 '조각보 정체성'이나 여러 문화에 두루 걸치는 정체성의 네트워크를 인정하려고 하지 않는다.

사실 나는 양쪽 모두의 특성을 가지고 있었다. 동양적이기도 하면서 서구적이기도 하고, 독일적이기도 하면서 터키적이기도 하며, 이곳저곳의 특성을 모두 가지고 있었다. 그러나 볼프와 같은 사람들은 그것을 이해하지 못했다, 아

58 위의 책, S. 220.

니 이해하려고 들지 않았다. (…) 그들은 나같은 사람과는 어울릴 수 없었다. 나는 그들의 틀에 들어맞지 않았고, 그들은 나를 분류할 수 없었다.[59]

하잔은 독일 통일의 현장에서 자신의 미래를 새롭게 건설적으로 설계하려 했지만 영화 체험을 통하여 독일 사회와 지성인 사회에 대한 실망을 겪고서는, 한편으로는 자발적으로 다른 한편으로는 주위 상황에 떠밀려, 즉 통일 이후 더 격화된 외국인 혐오와 배척에 밀려 베를린을 떠나기로 한다. 그는 부모의 반대를 무릅쓰고 베를린에서 자신의 미래를 설계하려 했지만 결국 베를린을 떠나는 결정을 내리는 것이다. 이 소설은 드물게 통일 이후 두 건의 외국인 테러 사건을 노골적으로 다루고 있다. 독일-터키인의 결혼에서 태어난 여자친구 라일라에 대한 테러와 택시 운전사 친구인 카짐에 대한 테러이다. 통일 이후 어느 날 라일라는 지하철에서 극우파들에게 공공연하게 테러를 당하지만, 주변 사람들은 모두 보고만 있을 뿐 제지하는 사람이 없다.

라일라는 어머니가 독일 사람인데도 첫눈에 보았을 때에는 아무도 그럴 가능성을 생각하지 않았다. 완전히 그 반대로 거리에 나가면 라일라는 '터키 신부'라고 욕을 먹었고 한번은 지하철에서 습격을 당할 뻔하다가 마지막 순간에 간신히 모면하기도 했다. 지하철 1호선에서 파시스트-점퍼족에게 공격을 당했던 것이다. 지하철이 터널로 들어갔을 때 그 녀석은 라일라를 열차 문에 떠밀고 누르면서 라이터로 머리카락에 불을 붙였다. 라일라는 패닉에 빠져 주위를 둘러보았다. 아무도 아는 척하려 하지 않았다. 아무도 도와주지 않았다. 라일라는 소리를 지르면서 웃옷으로 머리카락에 붙은 불을 끄려했다. 동물원 역에 도착했을 때 라일라는 계단을 달음박질 쳐 내려갔다. 그 파시스트가 뒤를 쫓아왔다. 라일라는 처음 만난 여자를 붙들고 도와달라고 간청했다.

---

59 위의 책, S. 223.

그 여자는 라일라를 진정시키려 했고 파시스트는 라일라에게 침을 뱉었다. 이 습격을 당하고 라일라는 하루 종일 쇼크 때문에 열이 나 침대에 누워 있었다.[60]

직접 테러를 당한 후 라일라는 독일을 떠나고 싶어 의식적으로 미국인 남자친구를 사귀게 된다.[61] 여기에서도 작가는 상황을 유머러스하게 비꼬고 있는데 로버트 레드포드를 연상시키는 이름을 가진 미국인 남자친구는 흑인이기 때문이다. 그는 오히려 긴 역사와 전통이 존재하는 유럽과 터키에 살고 싶어하며 고향을 떠나 미국으로 가고 싶어 하는 라일라와 갈등을 빚는다.

택시 운전사인 친구 카짐이 당한 테러의 경우에는 당한 폭력의 강도가 훨씬 더 센데, 이 폭력은 직접적으로 묘사되지 않고 간접적으로 증언과 신문보도를 통해서 묘사되지만 거의 카짐이 죽을 뻔한 큰 사건이었다.[62] 축구와 같은 종목의 국제경기는 많은 관중들을 한자리에 모으고 합법적으로 국가대표인 독일 선수들을 응원하면서 독일 민족을 주창하게 되는데, 경기 후 그 흥분은 이방인에 대한 테러로 발전할 가능성이 높다. 월드컵

---

60 위의 책, S. 110.

61 통일 이후 독일에 남은 이주노동자들은 크든 작든 외국인에 대한 이러한 테러를 경험하였다. 구 동독 지역에 남은 베트남인 호앙의 경우 『차이트』 지와의 인터뷰에서 라이프치히에서 노점상을 하던 자신이 겪은 일을 이야기했다. "1991년 어느 날 약 스무 명의 스킨헤드들이 호앙의 판매대로 왔다. 가스총, 칼, 빈 맥주병 등을 가지고 이들은 '외국인 아웃, 외국인 아웃' 하며 호앙을 위협했다. 그들은 돈과 물건을 원했다." 호앙은 쿵후 유단자로서 이들을 힘으로 물리친 에피소드를 이야기하지만, 그의 아들도 학교에서 자주 당하는 크고 작은 놀림과 시비 거리 때문에 역시 쿵후를 배워 자신을 보호한다고 이야기한다. Zeit online vom 28. 10. 2009, Vor Skinheads hatte der Kung-Fu-Meister keine Angst (http://www.zeit.de/gesellschaft/zeitgeschehen/2009-10/vietnamese-vertragsarbeiter-ddr/seite-2).

62 "경찰관 중 한 명이 지하철 아데나우어 광장역에서 한 떼거리의 축구팬들이 카짐에게 욕지거리를 하고 뒤를 쫓았다고 이야기를 해주었다. 그중의 한 명은 바닥에 쓰러진 카짐을 승마용 장화발로 짓밟았고 카짐은 코뼈와 머리에 부상을 입었다는 것이다." Kara, 앞의 책, S. 341.

축구 경기가 끝난 후 독일이 승리하자 훌리건들이 '독일 만세'를 외치면서 거리를 활보하고, 이들의 스포츠 열기는 쉽게 타자에 대한 폭행으로 변질된다. 이날 일어난 사건에 대해 라일라는 다음과 같이 전해준다.

> 거리에서는 자동차들이 다 빵빵거렸어. 독일이 이겼거든. 경찰이 전화했어. 걔[카짐] 주머니에서 내 전화번호가 나왔대. 바로 달려갔지, 그랬더니 공무원 한 명이 카짐이 아데나우어 광장에서 축구광들 한 떼거지에게 욕을 먹고 추격을 당했다고 하더라고. 이놈들 중의 하나가 카짐을 땅바닥에 때려눕히고 콧대와 머리를 군화발로 찼다는 거야. 이탈리아인 가수가 우연히 역에 있지 않았었으면 카짐이 죽었을 거래.[63]

이 결정적인 이주민에 대한 폭력 사건으로 하잔은 베를린에 대한 정을 떼게 되고 라일라 등 다른 친구들과 마찬가지로 이 도시를 떠나고자 결심한다. "이스탄불에서처럼 내 지갑 때문이 아니라 여기[베를린]에서 내 검은 머리와 갈색 눈 때문에 공격을 받았기 때문이다."[64] 그러나 그에게 갈 곳은 아직 정해져 있지 않다. 일단 갈 곳이 정해져 있지 않음에도 베를린을 떠나고 싶어 하는 것은 자신들을 시민으로 받아들이지 않는 주류사회에 대한 실망이 크기 때문이다.

> 원래는 모든 것이 간단하다고 생각했다. 왜냐하면 나는 아무것도 확정짓거나 어디에도 매이거나 안주하고 싶지 않았기 때문이다. 내 안에 있는 노마드는 나를 새로운 장소, 광장, 도시, 거리로 내몬다. 나는 더 서쪽으로, 런던으로, 뉴욕으로, 샌프란시스코로 가고 싶다. 아니면 동쪽으로? 도쿄나 테헤란이나 타슈켄트 같은 곳? 여기도 싫고 저기도 싫고 떠나고 싶다. 그렇다 내가 원하는

63 위의 책, S. 341.
64 위의 책, S. 347.

것은 그것이다. 자, 가자.[65]

7. 독일인, 유대인, 터키인의 삼중주: 자퍼 세노작

1) 작가 자퍼 세노작

자퍼 세노작은 통일 후 1993년에 나온 자신의 수필 모음집 『열대 독일의 지도(Atlas des tropischen Deutschland)』에 실린 에세이 「1991년 10월 3일: 독일 지도 위의 죽은 자의 머리들」에서 다문화사회를 맞이하는 주류사회의 무관심에 대하여 날카로운 비판을 가하고 있다.[66] 제목에서 독일을 열대지방으로 표현한 것은 소설가 엘리어스 카네티(Elias Canetti)의 글에서 따온 비유이다.[67] 독일인들이 전통적으로 자신들의 민족 정체성을 상징하는 것으로 소중히 여기는 대상 중의 하나가 바로 '숲'이다. 높은 하늘을 향해 꼿꼿하게 뻗어나간 전나무 숲은 나무 하나하나의 개체가 하늘로 수직으로 쭉쭉 뻗어 올라가면서 개별성을 지키고 있으면서도 전체적으로 같은 양식으로 조화와 통일을 이루고 있기 때문이다. 이미 『에다(Edda)』와 같은 게르만 신화와 전설뿐 아니라 현대문학과 영화에서도 독일의 울창한 숲은 자주 독일이라는 이미지로 상징된다.[68]

작가는 전통적인 독일의 전나무 숲에 대한 반대 이미지로 현대 독일

---

65 위의 책, S. 382.

66 Z. Şenocak, 3. Oktober 1991: Totenköpfe auf der Karte Deutschlands, Atlas des tropischen Deutschland, Berlin 1993 참조.

67 세노작은 그의 수필집 모두에 이러한 내용을 담은 엘리어스 카네티의 글을 인용하면서 시작하고 있다.

68 파티 아킨(Fatih Akin) 감독의 영화 〈미치고 싶을 때(Gegen die Wand)〉(2004)에서 자살 시도를 하는 터키계 이민자 주인공의 혼란스러운 정신 상태에 대비되는 독일 정신과 의사의 안정된 심리 상태를 상징화하는 배경으로 창밖에 전나무 숲을 배치한 데에서도 드러난다.

자퍼 세노작(Zafer Şenocak)은 1961년 터키의 앙카라에서 출생했고, 이스탄불과 뮌헨에서 성장하였다. 그는 1990년 이후부터 베를린에 거주하고 있고 시인이자 에세이스트, 언론인으로 활약하고 있다. 그는 소설이나 시, 에세이를 쓰는 작가일 뿐만 아니라 정기적으로 언론매체에 독일 다문화사회에 대한 글을 기고하고 방송에서 활동하는 사회적으로도 영향력이 큰 작가이다. 방송사의 토크쇼 프로그램을 진행하고 있고, 『타츠(taz)』 신문에 주로 다문화, 상호문화 이해에 대한 글을 정기적으로 기고하고 있다. 독일의 일반 대중들에게 동양-서양의 문제, 터키 이민자 문제, 독일 주류사회 문제 등에 대한 관심과 경각심을 불러일으켰다. 작가로서 많은 상을 수상했고, 빌라 아우로라와 MIT 작가거주 프로그램의 수혜자이다.

사회를 '열대'에 대비시킨다. 서로 엉키면서 자라나가는 열대림의 나무들은 모든 방향으로 구불구불 뻗어나간다. 마치 카오스처럼 서로 하나하나 개별적으로 구분이 되지 않는 나무들, 덩어리들은 규칙이나 집단, 지속적인 반복 등의 이미지와는 거리가 멀다. 세노작은 이 나무 비유를 다시 사람들에 응용하여 독일인과 비독일인을 구분하는데, 열대림은 독일에 새로 유입된 비독일 출신의 시민들에게 사용된다. 동시에 주장하기를 독일은 이미 열대 환경이 되었는데, 즉 다문화사회가 되었는데 독일인은 이를 인지하거나 인정하지 못하고 있다는 것이다. 열대림의 나무들은 이러한 그의 비판을 담은 용어이다.

세노작은 작가로서뿐만 아니라 언론인으로서 활발하게 글을 쓰고 있는데, 이 책의 I장에서 다룬, 통일 직후 독일 도시에서 일어났던 외국인 관련 테러들을 자신의 시사성 높은 글에서 직접적인 화두로 삼고 있다. 다른 모든 나라에서도 이방인에 대한 폭력은 우려를 자아내는 심각한 사회 문제이지만, 독일의 경우 과거의 나치의 범죄 때문에 더욱 책임감을 느껴야 하는 중대 문제라는 것을 지적한다. 이 책 I장에서 지적한 것처럼 독일의 주류 담론과 공적 담론에서는 유대인 문제와 이주민 문제를 같이 다루는 데 대한 터부가 존재하지만, 실제로 다문화 현실을 살아가는 사람들은, 특히 피해자에 속하는 이주민들은 이미 오래전부터 두 문제를 같은 맥락에서 보아왔다.

> 독일 지도에 다시금 불꽃과 죽은 자의 머리로 표기되는 장소들이 생겼다. 나치 이후 반세기도 되지 않았는데 독일에 이방인에 대한 폭력이 마치 마른 들의 불처럼 퍼져 나가고 있다.
>
> 다시 한 번 분명해지는 것은, 비판적 공공성은 민주적이고 다원적 사회들에서는 항상 소수에 의해서만 지탱이 되는데, 이 소수들은 언제나 그들의 발언과 공적인 사고와 간섭을 통하여 주류사회에 자극을 주고, 이를 통하여 민주적 과정에 붙들어 매야만 하는 것이다.[69]

세노작은 통일 후의 외국인 테러 사건을 과거의 나치 테러 사건과 연결시키면서 이방인 테러의 원인을 독일 사회의 비판적 공공성이 제 역할을 못하는 데서 찾고 있다. 비록 이러한 의견을 가진 사람들이 소수이고 사회의 대다수가 다문화주의에 거부감을 표명하더라도, 비판적 지성은 주류사회에 자극을 주고 그 여론을 민주주의 쪽으로 이끌어야 한다는 계몽적 기획을 여전히 기대하는 것이다. 그러나 세노작이 보기에 이 비판적 소수는 독일에서 다른 사회적 문제에서와는 달리 다문화사회 문제에 있어서는 주류사회와 구분이 되지 않는다. 여타 환경 문제나 인권 문제 같은 정치적 이슈에서는 진보적이고 비판적 목소리를 내지만 이주민 문제에 있어서는 침묵하는 것이다.

> 비판적 공공성이 그들의 소수자 존재, 그들의 아웃사이더 역할을 잊어버리고 민족과 하나가 되었다고 착각한다면, 민주주의 체제는 바로 독재적 구조로,

69 Şenocak, 앞의 책, S. 45.

야만의 상태로 뒤집어지는 것이다.[70]

그는 독일 지성인들이 다문화사회 현실에 대해 눈을 감고 함구하며, 문화계나 언론계에서 비독일 출신의 지성인이나 문화예술인에게 폐쇄적인 태도를 보이는 것을 비판한다. 독일 내부에서 통일과 더불어 이데올로기 논쟁이 종말을 고하면서, 동시에 사고의 종말, 지성적 담론의 종말, 비판적 공공성의 부재로 귀착되었다고 보는 것이다. 세노작은 이를 시정하기 위해서는 공공성을 다시 회복해야 하고, 독일의 여론 수준을 유럽 수준으로 끌어 올려야 한다고 생각한다.

2) 『위험한 친족성』

『위험한 친족성(Gefährliche Verwandschaft)』(1993)은 세노작의 대표적 장편소설이자 이주민 전환기 문학에 속한다.[71] 이 소설은 서른 세 개의 짧은 이야기로 이루어져 있고 전체적으로 화자인 '나'가 자신의 사적 이야기를 풀어 나가는 형식이지만, 다른 한편 독일과 터키 관계, 독일 내의 터키 이주민사, 독일 유대인의 역사 등이 배경을 이루고 있다. 즉 이 소설은 독일 내 이주민사의 두 축인 유대인 동화사와 터키 이주민사를 다루는데, 이 둘을 유비관계에서 다루고 있다는 데 특징이 있다. 독일을 나치 가해자의 나라로만 묘사하지 않으며 터키 또한 이러한 집단학살의 과거라는 역사가 있음을 언급하고, 이 두 나라와 문화를 한 가족을 중심으로 엮어 나간다. 인물의 관계도 복잡하게 설정했는데, 주인공은 가해자의 자손인 동시에 피해자의 자손이다. 즉 할아버지가 터키에서 아르메니아인 대량

70 같은 곳.

71 대부분의 독일 이민 문학, 이주민 문학의 경우처럼 아직 이 소설은 우리나라에 소개나 번역이 되지 않았다. 유일한 논문은 졸고, 위험한 삼중주, 실린 곳: 한양대학교 비교역사문화연구소, 이중언어작가, 책과함께 2014, 87-120쪽.

학살 때 최초로 500명의 희생자 명단을 작성한 의도적 가해자에 속한다면, 외할아버지는 독일의 유대인 대량 학살을 피해 터키로 망명을 간 독일-유대인 가계로 피해자이다.

이 소설의 배경은 통일이 된 직후인 1992-1993년의 베를린이다. 작가는 통일 2-3년 후 통일의 열기가 어느 정도 가라앉은 뒤 주인공을 베를린으로 돌아오게 만든다. 주인공 자샤 무크테쉠(Sascha Muqteschem)은 전업 작가이며 프리랜서이다. 그는 1954년생으로서 그의 가족사에는 독일 이민자의 역사가 복잡하게 얽혀 있어 이미 독일 내부에서도 독일인과 이방인의 이분법적 구별이 쉽지 않음을 보여준다. 즉 이 소설은 독일-터키의 역사적·정치적 관계를 중심축으로 삼고, 여기에 유대인의 역사와 터키 이민자의 역사가 결합되고 있다.

이미 인물의 이름에서 드러나듯 주인공의 어머니는 독일인이고 아버지는 터키인이다. 아버지와 어머니 역시 각기 복잡한 국제적 관계를 맺고 있다. 할아버지는 터키에서 드물게 서구적 외모를 가지고 여러 외국어를 구사한다는 장점 때문에 대그리스전의 스파이로 활약하다가 마찬가지로 스파이로 활동하던 하티체를 만나 결혼했다. 즉 부계도 이미 터키 내부의 다양한 국제적 관계를 보여준다. 주인공 어머니의 부모는 독일에서 동화된 유대-독일인들이다. 나치의 집권으로 가족이 터키로 피신을 갔을 때 아버지와 어머니는 흑해로 간 소풍에서 만나 호감을 가지게 되었다. 그러나 이미 한 번 유대계라는 '동양계'와 섞인 가계도에서 다시금 터키계라는 '동양계'와의 결합을 통하여 더 복잡한 혈통을 만들기 원치 않던 어머니는 오랫동안 망설이게 된다. 유대인들은 이미 독일에서 동양계 피로 배타시 되었던 아픈 경험이 있고, 남편의 터키계 혈통 역시 그렇게 간주될 것이며, 자신들의 2세를 생각한다면 이는 심사숙고할 문제이다. 장고 끝에 결혼하지만 전쟁이 끝난 후 어머니와 주인공이 뮌헨으로 돌아와 정주한 반면, 아버지는 전 세계를 떠돌아다니는 코스모폴리탄이 된다.

작품 서두에서 주인공은 아버지와 어머니의 갑작스런 교통사고로 인하여 상당한 유산을 물려받았고 더불어 1916년에서 1936년까지 아랍어와 키릴어로 쓰인, 은상자에 담긴 할아버지의 친필 수기도 물려받게 된다. 나름 소설이 써지지 않아 고심하던 그는 이전부터 자신의 소설의 주인공으로 할아버지를 상정하고 있었다. 터키의 유력한 정치가이자 권력자였던 할아버지는 마흔 살이 되던 해에 갑자기 의문의 자살을 했던 것이다. 처음에 그는 할아버지를 자유롭게 창작해낼 작정이었지만 점차 그의 자살 사건에 대한 조사에 들어간다.

주인공 자샤의 여자친구 마리는 베를린이 고향인 심지 굳은 당찬 영화감독으로서, 독일에 피난 온 프랑스 위그노파의 후손이다. 마리는 터키 개혁자로서 1914년에서 1918년 사이 터키 내 아르메니아인의 대량학살을 계획했던 실존 인물 탈라트 파샤(Talat Pascha)에 대한 기록영화를 찍는 일을 하고 있다.[72] 유럽에서는 그에 대하여 잘 알지 못하기 때문이다. 여기에서 작가의 (자아)비판적인 균형 감각이 돋보이는데, 독일 제3제국의 유대인에 대한 대량학살뿐만 아니라 터키인의 아르메니아 소수민족에 대한 대량학살이 동시에 다루어져 그 어느 쪽에 편향적이지 않으려는 균형적 역사 시각이 나타나고 있기 때문이다.[73] 즉 독일인만 세계사의 가해자, 학살자라는 일방적 시선에서 묘사되는 것이 아니라, 독재와 학살은 어느 민족에게나 일어날 수 있는, 또한 일어났었던 인류의 일반 주제로 다루어지고 있다. 또한 터키에서 유대인들은 희생자로서만이 아니라 터

72 청년 투르크당을 이끌어 오스만 제국을 몰락시키고 터키 공화국을 세운 인물 중의 하나였던 탈라트 파샤는 제1차 세계대전이 발발하자 독일군의 편에 섰고, 이 기회에 터키 민족주의를 내세우며 150만 아르메니아인의 대학살을 계획하고 실행에 옮겼던 인물이다. 오스만 제국의 부유한 상인 집단이었던 아르메니아인들은 무슬림 터키인들과 대치 관계에 있었다. 터키 정부는 오랫동안 이 대학살을 부인해왔는데, 오르한 파묵 등 지식인들은 2014년 정부에 이 '대범죄(Medz Yeghern)'를 인정하고 사과할 것을 요구하였다.

73 마리는 소설 속에서 실제로 히틀러의 제3제국 시절 기록영화를 찍었던 〈올림피아〉, 〈의지의 승리〉의 감독 레니 리펜슈탈에 대한 찬양자로 등장하면서 독일사와의 유비관계를 형성한다.

키에 서구 문물을 전달한 중개자로서, 혹은 소수자 기독교인들이 증오하는 집단으로 묘사되어 유대인에 대한 다양한 상들이 그려진다.

소설의 마지막에 가면서 서서히 밝혀지는 자샤 할아버지의 정체와 자살의 의미는 흥미롭다. 그는 1908년에서 1914년까지 한편으로는 망해가는 오스만 제국과 다른 한편으로는 막 생겨나는 터키 공화국 사이 혼란의 시기에 새로운 근대화된 조국을 만들기 위해 선두에서 맹활약했었다. 이 세대들은 전쟁을 겪었고, 이 폐허에서 권력을 잡고 새로운 나라를 건국하였다. 할아버지는 터키 건국의 아버지 무스타파 케말 파샤를 도와 터키라는 새로운 국가건설과 개혁에 앞장섰던 것이다. 또한 그는 제1차 세계대전에서는 독일군의 편에 서서 연합군에 저항하였고, 1921년 터키와 그리스 전쟁에서는 스파이로 활약하였으며, 전후 정치인으로 성공을 거두게 된다. 그는 선거 전에 신발 한 짝을 그리고 선거 후에 다른 한 짝을 약속하는 전근대적 터키의 선거전에 승리하여 시장으로 선출되고 정계에서도 활약하였으며, 1936년 베를린 올림픽 때 터키 올림픽 선수단을 인솔하여 베를린에 온 저명인사로 발돋움하였다. 터키 선수단은 입장식 때 독일에 대한 호감의 뜻으로 나치식으로 팔을 번쩍 들고 인사를 하며 경기장에 들어선다. 독일과 터키는 오랜 역사에 끈끈한 관계를 맺어왔던 것이다.

부계의 역사가 독일과 터키의 공식적 관계를 다룬다면, 자샤 모계의 역사는 독일인과 유대인의 관계에 대한 역사이다. 뮌헨 근교의 유복한 상인 가문 출신인 외할아버지와 외할머니는 소위 '계몽된 유대인들'이다. 외할아버지는 유대교는 조상들의 종교이고 계몽주의와 휴머니즘이 자신의 종교라고 생각하는 현대화된 유대인이다. 이들은 독일 사회에 동화되면서 과거의 유대인의 종교와 관습을 버리고—마찬가지로 관심이 없던—기독교로 형식상 개종을 한다. 외할아버지 역시 할아버지와 마찬가지로 제1차 세계대전에 참전을 하는데, 독일군의 파견부대로서 1916년 콘스탄티노플에 나가 있다가 무스타파 케말 파샤가 이끄는 터키 군대를 도와 연합군에게 패배를 안겨주었다. 독일에 돌아온 할아버지는 나치가 정권을 잡자 자신들에게 닥쳐올 암울한 미래를 예견하고 뮌헨의 집을 정리한 뒤 1934년 터키 이스탄불로 피신한다. 당시에는 이러한 독일-유대인들을 이스탄불로 피신시키는 국제적인 도피 경로가 여럿 존재했고, 이스탄불에는 이러한 피난민들로 가득했다. 대체로 이들은 학자들과 예술가로서 터키 내에서는 히틀러보다 훨씬 더 강력한 독일 이미지를 만든 세대들인데, 터키의 학문과 예술을 한 단계 끌어올려 긍정적인 독일인 이미지를 만들었다. 이들에게 이스탄불은 제2의 고향이었고 화합과 다문화의 고장이었다. 그러나 유럽의 동쪽 끝 이스탄불에서도 독일인 집단은 보수 독일과 진보 독일을 대표하는 집단으로 나뉘고, 나치가 권력을 잡고 점차 유럽의 동쪽 다른 나라까지 침공하자 이러한 이주민 공동체 내부의 갈등은 격화된다. 이 반목은 인종적으로 터키에 적대적인 캐리커처를 실은 나치 기관지를 배포한 서점이 문을 닫을 때까지 계속된다. 즉 현대 독일과 터키의 역사에서 독일에 온 터키인 이주노동자의 문제가 주요 문제라면, 제2차 세계대전 때의 독일과 터키의 역사에서는 반대로 이스탄불에 피난을 온 독일인의 문제가 주요 문제였다.

나치의 패망 이후 가족은 다시 뮌헨으로 돌아온다. 독일-유대계인 어머니 가족은 나치시대에 가족이 거의 다 몰살되어 생존자가 없었던 피해자 가족이었다. 그러나 이들 돌아온 피해자들이 보여준 행동은 일반인의 상식과는 다른 것이었다. 독일-유대인의 개인사는 공식 역사나 정치세계가 보여주는 가해자와 피해자의 이분법이 아니라 훨씬 복잡하고 착종된 피해자의 심리학과 사회학을 보여준다. 상당수 동화된 유대인들, 다시 독일 사회에 돌아오고 독일에서 살기로 결정한 유대인들은 그들의 고통 받은 과거를 숨기려 하였기 때문이다. 그들의 독일-유대의 혼종적 정체성은 유대인 피해자로 하여금 동시에 독일인 가해자로서의 양심의 가책을 갖게 만들었다. 여기에 대해 작가 세노작은 독일-유대계가 과거를 대하는 태도와 유대계가 과거를 대하는 태도의 차이를 다음과 같이 서술한다.

나는 어머니가 독일의 대재앙을 내게 감추려 했다는 생각에서 벗어날 수가 없었다. 어쩌면 어머니는 자신의 나라에서 일어난 일들에 대하여 수치스럽게 생각하는 것 같았다. 비록 어머니 가족이 가해자가 아니라 피해자에 속한다고 해도 말이다. 나는 히틀러 정권의 희생자들에게서 이러한 태도를 자주 목격했다. 그들의 정권에 대한 증오는 결코 독일을 미워하거나 독일인을 그런 민족으로 저주하도록 잘못 인도하지 않았다. 사람들은 마치 자기 가족의 누군가가 그런 일을 저지른 것처럼 행동했다. 사람들은 절망하고 수치스러워하고 되도록 빨리 이 일이 없었던 것으로 만들려고 했다. 그러한 사람들은 언제나 슬픔에 잠겨 있을 때에는 홀로 있고자 했다. 그에 반해 재난을 이유로 독일로 돌아온 유대인들은 완전히 다르게 행동했다. 그들 중 많은 사람들은 그들의 정체성을 직업으로 삼았다. 그들은 떠들어댔다. 독일인의 양심은 언제든지 이야기되고 다루어지는 주제가 되어야 했다. 그들은 한 기념의 장소에서 다른 장소로 옮겨가면서 연설을 했으며 사람들을 주위에 끌어모았다. 기억은 그들 전체를 묶어주는 공통어가 되었다. 그러나 이 사람들도 역시 외로웠다. 때로 그들은 그들 가족 중 유일한 생존자들이었다. 사람들은 살아남았다는 것 자체에 대하여 자책을 했다. 어디에서 왔건 그들은 이방인들이었다.[74]

유대인의 자신의 비극에 대한 '애도'에도 수많은 복잡한 삶의 관계들과 다른 태도들이 나타난다.[75] 한편에서 유대인 수용소에서 살아남은 귀향자들이 자신들의 과거에 대한 기억을 증언하고 연설하며 그를 통하여 자신들의 과거에 대한 기억과 현재의 정체성을 만들어내었다면, 다른 한

74 Şenocak, 앞의 책, S. 60.

75 "희생자들은 죽었다. 가해자들은 살아 있다. 우리는 더 이상 회상을 할 수 없다. 우리는 회상에 대해 슬퍼했다. 가해자들에게는 살아남은 희생자란 없다. 모든 살아남은 자들은 가해자이다. 그것이 가해자와 피해자 사이의 화해의 기반이다. 슬픔은 슬퍼하는 자들에게 그들 슬픔의 이유를 감춘다. 이 현상이 바로 '당사자임'이라고 이름 붙여진다." 위의 책, S. 61.

편에서 터키 등에 피난을 갔다 돌아온 독일-유대인들은 다시 독일 땅에 정착하고 살기 위해서 그들의 과거를 침묵 속에 묻어버리기로 한 것이다. 어머니는 어린 자샤를 유대계 독일인이나 터키계 독일인이 아닌 단순한 독일인으로 만들고자 한다. 외가의 유대인 혈통이나 친가의 터키계 혈통을 가진 아이에게, 또한 터키에서 태어나고 이스탄불에서 유년 시절을 보낸 아이에게 뮌헨의 집에서는 철저하게 독일어만을 쓰게 시킨다. 또한 아이가 지하실에서 찾아낸, 제3제국 시절에 살해당한 유대인 친척들의 사진은 모두 없애버리며 침묵과 망각을 강요하고 언급조차도 금기시한다.

주인공 자샤는 자신이 제대로 글을 쓰지 못하는 이유가 자신의 분명하지 못한 과거와 분명하지 못한 정체성 탓이라고 생각하며 자신의 과거를 찾아 헤매게 된다. 그는 독일인과 구분이 가지 않는 외모를 가졌지만 아버지의 성 때문에 끊임없이 외국인 취급을 당하고 정체성에 대한 질문을 받는다. 그는 과거까지 고수해왔던 침묵의 태도를 버리고 한편으로는 갑자기 물려받은 할아버지의 수기를 통하여 터키사를 조사하고, 다른 한편으로는 1930년대 나치의 유대인 학살의 과거를 조사한다. 그의 과거 조사방법은 매우 특이한데, 개인들의 말 그대로 '생생한' 과거를 찾는 것이다. 즉 한편으로는 할아버지의 개인적 삶을 재구성하고, 다른 한편으로는 나치시대 권력자들의 육필 수기를 모으게 된다. 주인공에게 나치의 자료들을 건네주는 나치 정권 가담자들의 유족들은 그가 금발에 파란 눈의 백인이라는 사실에 안도한다. 그들도 역사적으로 의미 있는 기록을 보존하는 데에는 동의하지만, 계몽적·비판적 담론이 주도하는 독일의 박물관 같은 공공의 기억의 장소에 이러한 자료나 유물을 전달했을 때 가해자의 가족으로서 겪을 비난이나 수모를 생각해보면 엄두가 나지 않는다. 그러나 자샤와 같은 개인 수집가가, 특히 인종적으로 볼 때 전형적인 독일인으로 보이는 개인이 수집했을 때 이 자료들은 독일의 영광스러운 과거의 한 부분으로서 잘 보존될 것이라고 기대한다. 한번은 베를린의 상류층이 사는 지역인 달렘의 한 빌라에서 부유한 귀부인은 자료를 건네주고 나서 자샤가 순수 독일 혈통일 것이라고 생각하고 방심한 상태에서 현재 독일의 다문화 상황과 독일에 유입된 이방인들을 비난한다. 그러면서 독일인의 입장에서 이들 이주민을 비교하는데, 현재 독일 사회에 사는 터키인들은 기꺼이 독일인 마스크를 뒤집어쓰고 살았던 옛날의 동화 유대인들보다 훨씬 더 나쁘다고 말한다.

> 유대인들은 그들이 마치 독일인인양 행동했다. 그것을 그만두라고는 할 수는 없었다. 그들의 문제이니까. 그러더니 한동안 생각을 좀 하다가 여자가 말했다. 유대인과 독일인은 애증의 관계로 엮여 있다. 독일인과 터키인 사이에는 그러나 오로지 증오만이 있을 뿐이다.[76]

이 말은 한편으로는 주류사회의 입장에서 두 이방인 집단인 유대인과 터키인의 차이에 대해 이야기하지만, 다른 한편으로는 두 집단 모두와 거리를 두고 있고 두 집단 모두와 증오의 관계로 얽혀 있다는 점을 토로한다는 공통점이 있다. 주류사회는 터키인들이 자신들에게 동화되려는 노력을 하지 않는다고 비난을 가하지만, 이와 모순되는 논리로 오랜 동화 노력을 경주한 유대인 집단 역시 긍정적으로 바라보지 않고 비난한다. 위의 인용문에서 보듯 "그들의 문제"라고 지칭함으로써 자신들과 같은 동류 집단으로 인정하지 않고 타자화시키고 있다.

3) 통일 이후의 달라진 분위기

주인공 자샤가 겪은 가장 큰 정체성의 혼란은 바로 베를린 장벽의 붕괴와 통일에서 유래한다. 이제 통일된 독일의 수도 베를린에서 그는 이름

---

76 위의 책, S. 65.

때문에 끊임없이 출신과 고향에 대한 질문을 받기 때문이다. 이미 뮌헨에서도 그의 독일인으로서의 정체성과 소속감은 당연한 것이 아니었다. 그의 어머니는 독일-유대인으로서 제3제국 시절에 국적을 박탈당했고 귀국 후 다시 국적을 회복했지만 아버지가 터키인이었기 때문에 자샤는 18세 때 독일 국적을 취득하기 위해서 귀화 시험을 보아야 했다. 이 과정은 그를 독일인으로 귀속시킨 것이 아니라 반대로 독일인으로서의 정체성에 회의를 느끼게 만들었다. 당국은 뮌헨에서 성장하여 김나지움까지 다니고 대학 입학을 목전에 둔 그와 독일에 입국한 지 얼마 안 되는 이주노동자를 구분하지 않고 동일한 시험을 치게 한다. 그에게는 바보시험처럼 보였던 독일어 시험에 합격하여 독일 국적과 시민권을 받으면서 느꼈던 떨떠름하면서도 기뻤던 혼합된 감정에 대한 기억이 선명하다. 대학에 진학한 이후 그의 삶은 유랑의 삶으로 점철된다. 그의 할아버지가 전선을 누비며 전통 이슬람 제국에서 근대국가로 변모해가는 터키의 건국을 도왔듯이, 그의 외할아버지가 나치 독일을 피해 이스탄불로 도피했듯이, 혹은 아버지가 독일을 떠나 전 세계를 유랑하듯이 가족 모두에게 고향과 안주는 익숙한 개념이 아니다.

방랑의 기질이 있던 그는 전 세계를 떠돌고자 하나 미국에서 베를린 출신의 여자친구를 만나 그녀의 고향에 정착하고자 한다. 주인공 자샤는 그러나 냉전을 상징하던 베를린 장벽이 보이지 않는 독일의 수도에서 자유와 해방감을 느낄 수 없었다. 이제 장벽의 분리 문제는 더 이상 사회주의와 자본주의라는 사회체제 문제가 아니고, 자기와 같은 이방인, 외국인에게만 해당되는데, 그는 통일 수도 베를린에 보이지 않는 장벽이 새로 생겨났음을 느낀다. 이 장벽은 이제 더 이상 동독인과 서독인을 가르는 것이 아니라 독일인과 비독일인을 가른다. 통독 이후의 새로운 사회는 개인의 삶에 깊숙이 파고든다.

나는 정체성이 없었다. 내 주변의 사람들은 이와 더불어 점점 더 큰 문제를 안게 되었다. 마치 구질서의 붕괴를 뜻하는 장벽의 붕괴가 해방적 기능만 가진 것이 아닌 것과 마찬가지였다. 장벽이 없어지자 편안한 느낌도 없어졌기 때문이다. 이 편안함을 갑자기 정체성이라는 개념이 대치하게 되었다. 사람들은 가깝고 먼 거리감을 정할 때 이제 그의 출신을 묻는 데 익숙해졌다. 사람들은 장벽이 무너진 뒤에 어디에서나 새로 세워진 보이지 않는 장벽에 부딪쳤다. 세상은 더 복잡해졌고 길들은 점점 더 미로처럼 되어갔다.[77]

결국 주인공은 정체성을 찾아 바다 없는 심연을 향하는 것처럼 자신의 과거를 향해 추적해나가게 되고, 그러한 과거의 기록이 그의 작품의 소재가 된다. 할아버지의 일지들은 과거의 비밀을 찾는 과정에 기폭제가 되어준다. 통역을 거쳐 해독이 된 일지는 할아버지의 비밀을 담고 있는데, 이는 정치적·역사적 비밀이라기보다는 개인적·사적 비밀이었다. 즉 그의 문학적 성향을 보여주는 것으로, 자신이 좋아했던 문학작품들을 필사한 기록이었던 것이다. 『안나 카레니나』 중 한 단락의 인용으로 시작하는 할아버지의 과거는 인간적이고 부드러운 면모와 동시에 악마적이고 잔혹한 면모를 보여준다. 여기에 터키 역사의 비극이 개입한다. 할아버지는 전후의 폐허에서 민족주의를 주창하면서 터키 내의 다른 소수민족인 아르메니아인들의 대대적 숙청과 몰살을 계획했고, 첫 번째 학살 대상자 500명의 명단을 작성하였다. 또한 그는 그 과정에서 그들이 남기고 간 재산을 불법적으로 취득하여 막대한 부를 축적하였다. 이때 500명의 명단에서 지워 그가 살려준 단 한 사람은 그의 삶에서 유일했던 진실한 사랑의 상대자로, 그녀는 나중에 서유럽으로 머나먼 피난길을 가는 도중 수차례의 강간 등 온갖 고초를 겪고 프랑스에 정착해서 아마도 그의 딸일 아이와 같이 살면서 편지를 보낸다. 20년 후 생애 말년에 이스탄불의 한 은

77 위의 책, S. 47.

거지에서 조용한 생활을 하던 그는 이 편지를 받고 자살한다.[78]

이 작품의 의의는 무엇보다도 독일의 역사적 과거와 통일 문제를 독일-유대인-터키인의 삼각관계의 시각에서 고찰한다는 데에 있다. 즉 독일의 유대인 문제와 터키인 문제는 한 가족의 구체적 삶의 문제 속에 녹여져 다루어진다. 세노작의 이 소설은 그렇기 때문에 계몽주의자 레싱의 드라마 『현자 나탄(Nathan der Weise)』과 비교해볼 수 있다. 후자는 종교 간의 갈등이 심각한 동방을 배경으로 하고 있는데, 결말로서 그동안 갈등과 불신, 전쟁 속에 살았던 유대인, 무슬림, 그리고 기독교인이 알고 보니 모두 한 가족이었다는 계몽주의적 관용 사상을 사명으로 담고 있다. 이때 작품의 말미에 술탄의 축복하에 술탄의 조카이자 기독교 십자군 소속 성당기사인 조카가 유대인 나탄의 양딸과 결혼하는 것은 종교의 화합뿐 아니라 혈통으로서의 끈끈한 맺음을 의미하는 것이었다.

세노작의 작품은 독일사와 터키사를 중심으로 두 나라 간의 교류를 한 축으로 하여 쌍방을 왔다갔다하면서 조명하다가, 세 번째 축으로 어머니가 독일-유대 혈통임을 덧붙여 근세 독일 이주민사의 삼중주를 만들어내고 있다. 주인공은 독일인, 유대인, 터키인의 혈통을 지니고 있는 것이다. 그러나 세노작의 결론은 레싱의 예와 달리 희망적이거나 긍정적이지 않다. 문화와 인종의 삼각축에서 태어난 자샤가 방랑을 끝내고 다문화사

---

78 길고 긴 할아버지의 수기는 정치와 군사적 일지로 그의 활약상을 담고 있지만, 무엇보다도 개인적 사랑도 담고 있어 사적인 삶과 공적인 삶이 서로 엇갈리고 부딪힌다. 할아버지는 터키 정부의 권력자로서 이방인 아르메니아인의 대량학살에 적극 개입한 인물이다. 그는 자신이 작성한 500명의 명단에서 한 명의 여자 이름을 지웠는데 그게 바로 그의 연인이었다. 그는 그녀를 잊고 있었는데 이 애인이 죽기 며칠 전 편지를 보내 그의 맹세를 상기시킨다. 그녀는 예전에 '그녀를 잊어버리느니 차라리 죽어버리겠다고 하지 않았는가' 하면서 자신의 근황에 대해 쓴다. 전쟁 후 강간 등 숱한 고난을 거치고 프랑스로 와 정착하여 자신의 딸을 낳아 기르는 연인은 그가 언약을 깨뜨렸음을 지적함으로써 그의 삶 자체가 허위였음을 지적하였고, 그는 은둔자이기는 하지만 화려한 권력과 부, 그리고 가족 속에서 자족하고 있었는데, 이 편지를 받고 별을 보며 자살을 하게 된다.

회를 표방하는 도시 베를린을 고향으로 만들려 했지만 실패하기 때문이다. 그는 자신의 복잡한 가족사를 정리하고 할아버지의 의문의 자살에 대한 하나의 해답을 제시한 후에 독일인 여자친구와 헤어지고 홀로 동베를린으로 이주하게 되며, 미래 계획은 여전히 미정이다. 즉 새로운 긍정적 관계가 시작되는 것이 아니라, 그의 몸을 통해서 이어졌던 모든 관계들이 정리되고 홀로 베를린에 남게 된다. 세노작은 그의 수필에서 이민 2세들의 정체성과 관련해 "도대체 독일이란 나라로의 이민이 가능한 것인가? 안착이라는 것이 가능한 것인가?"라는 물음을 던지는데, 이 작품에서는 실패한 것으로 판정난다.[79]

79 Şenocak, 앞의 책, S. 47. 그는 차라리 차이를 인정하고 유럽 수준에서 소수민의 지위와 권리를 달라고 요구하는 것이 더 낫지 않은가도 자문한다.

III

결론: 통일과 통합

> "의식적으로 탈국가적으로 눈을 뜰 준비가 되어 있는 자만이 주류사회 바깥에 위치해 있는 집단의 삶을 이해할 수 있다. 단일민족과 단일문화의 관점에 익숙해져 있고 그것만을 확신하는 것에서 벗어난 자만이 독일 내의 이민 논쟁을 특징짓고 있는 오해와 신화에서 벗어날 수 있다."[1]

우리 사회에 들어와 살고자 하는 낯선 타자(짐멜의 의미에서의 "이방인 der Fremde")들은 우리에게 일반적·보편적으로 경계심과 불안, 공포심을 불러일으킨다. 다른 한편 호기심과 새로움, 알고 싶은 욕망도 우리에게 불러일으킨다. 우리 모두가 이 지구상의 낯선 존재라는 것을 생각해본다면 이러한 낯선 이질감은 모두가 원초적으로 가지고 있는, 공통된 감정으로 이해해야 할 것이다. 이러한 낯섦과 익숙함의 관계나 크기는 그러나 항상 고정된 것이 아니라 변화한다. 그것도 그들의 상황뿐 아니라 우리의, 나의 상황에 따라서도 변화한다.

1945년에 독일이 분단되었을 때에도 독일인들은 독일 사회가 단일민

---

1 E. Beck-Gernsheim, Wir und die Anderen. Vom Blick der Deutschen auf Migranten und Minderheiten, Frankfurt a.M. 2004, S. 17.

족국가라는 생각을 벗어던진 것이 아니었다. 독일이 동독과 서독으로 분단되었지만, 이들이 통일의 꿈을 간직한 동안은, 또한 통일을 민족의 통일로 이해한 동안은 이 정체성과 동일성에 대한 생각이 여전히 유효했다. 이러한 기본 생각이 드러난 것이 바로 1990년의 독일 재통일이었다. 이러한 '민족의 통일'이라는 구상은, 그러나 그 사이에 다문화적으로 변모한 사회를 제대로 인식하지 못하고 이들 민족에 속하지 않는 자들을 배제했다. 더 나아가 통일 후의 독일 사회의 불만은 한동안 이들 독일 민족에 속하지 않는 이방인들에게 전가되었고, 이미 독일 사회에 적응한 이주민들도 스스로를 다시 낯선 이방인, 외국인으로 재인식해야 했다. 극단적인 경우 이들은 폭력과 테러의 희생양이 되었다.

이러한 독일의 사례에서 한국인들이 반면교사로서 배워야 할 점은, 우리가 의식적으로 혹은 무의식적으로 희망하고 말하는 통일이 단일민족국가로의 통일이 아니었는지, 그럼으로써 현재 우리와 같이 살고 있는 수많은 이주민, 외국인들을 배제하고 차별하는 것은 아닌지, 우리의 통일은 우리와 같이 우리 사회에 같이 사는 사람들을 모두 포옹하고 포용하는 통일이 되어야 하지 않은지를 심각하게 고민해야 한다는 것이다. 이미 우리 민족의 단일민족 테제나 순수성 테제들은 지구화 시대에 여러 관점에서 비판을 받았고, 민족의 경계는 여러 차례 그 유동성이 논의되었다. 이와 관련하여 독일에서 2000년 제정된 국적법의 서문은 독일이 아직 풀지 못한, 그러나 풀어야 할, 또한 유사한 상황의 한국 사회 역시 심도 있게 성찰해야 할 문제를 보여주고 있다.

> 국적법 개정으로 독일은 현실적인 국가 개념을 받아들였다. 국가의 개념을 인종적 동질성에 기반을 둔 것으로 해석하는 것은 이미 환상에 불과하다는 것이 명백해졌다. 그와 같은 동질적인 사회 개념이나 혈통에 따른 국민 개념은 불행한 과거의 유산일 뿐이다. 사회를 하나로 묶어주는 것은 더 이상 동일한 언어나 종교 혹은 국경선이 될 수 없다. 그보다는 평화롭게 더불어 살아가

고자 하는 의지와 다 같이 미래를 만들어가려는 노력과 자유로운 사회의 기본가치를 존중하는 태도가 한 나라를 지탱하는 데 더욱 중요한 것이다. 그러한 의미에서 새로운 국적법은 서로 다른 문화가 평화롭게 공존하고 타 문화를 통해 더욱 풍요로워질 수 있는 토대를 마련해줄 것이다. 국적법의 현대화를 통해 독일은 마침내 자유와 권리 그리고 안전이 보장되는 삶의 공간인 통합 유럽이 지향하는 유럽의 기준에 부합하게 되었다. 따라서 새로운 국적법으로 독일은 전 세계에 관용적이고 열린 사회라는 인식을 심어줄 수 있을 것이다.[2]

---

2 유정희, 영원한 이방인. 독일의 터키 공동체, 실린 곳: 한국독일사학회 18(2009), 170쪽.

참고문헌

강태수, 독일 무슬림의 종교의 자유, 실린 곳: 이태숙/김종원 편, 서유럽 무슬림과 국가 그리고 급진이슬람주의, 아모르문디 2009, 166-206쪽.

고상두, 이주자 사회통합모델의 비교분석. 네덜란드, 독일, 한국의 사례, 실린 곳: 한국정치학 회보 46(2012), 241-264쪽.

김누리, 동독의 귀환. 통일 이후 독일의 가치관 변화, 실린 곳: 괴테연구 21집(2008), 193-221쪽.

김영란, 독일과 한국의 다문화가족 정책에 대한 고찰. 다문화가족 관련 법제와 현황을 중심으로, 실린 곳: 다문화콘텐츠연구 13(2012), 31-67쪽.

남덕현, 유러피언 드림의 문화사적 토대와 보편성, 실린 곳: 유럽사회문화 5(2010), 127-153쪽.

리프킨, 제러미, 유러피언 드림, 이원기 역, 민음사 2005.

모리스, 팸, 문학과 페미니즘, 강희원 역, 문예출판사 1999.

미테, 잉그리드, 머릿속의 장벽-동독의 정체성 형성과정을 위한 허구적이고도 실제적인 서독의 존재, 실린 곳: 탈분단 통일 평화의 새로운 상상력, 서울대학교 통일평화연구원 국제심포지엄 자료집, 2011, 60-90쪽.

박규정, 독일 사회와 무슬림 터키공동체, 실린 곳: 이태숙/김종원 편, 서유럽 무슬림과 국가 그리고 급진이슬람주의, 아모르문디 2009, 132-161쪽.

박동준, 유럽연합의 문화통합과 문화적 예외 그리고 문화다양성, 실린 곳: 유럽사회문화 5(2010), 59-99쪽.

박명선, 독일 이민법과 통합 정책의 외국인 차별에 관한 연구, 실린 곳: 한국사회학 41(2007), 272-303쪽.

박재영, 유럽 다문화사회의 문화충돌. 영국 프랑스 독일을 중심으로, 실린 곳: 다문화연구 5(2008), 107-138쪽.

박정희, 최근 독일어권 문학에서 이주자문학의 현황, 실린 곳: 독일문학 91(2004), 187-206쪽.

______, Identitätsprobleme ostdeutscher Frauen nach der Wende, Am Beispiel von

Kerstin Hensels Tanz am Kanal, 실린 곳: 독어교육 24(2002), S. 271-290.

박천응, 한국사회의 다문화 현실 비판과 정책적 과제, 실린 곳: 선교와 신학 29집, 13-56쪽.

박희경, 어떻게 우리는 여자, 혹은 남자인가? 독일 내 젠더 논의에서 있어서 몸과 육체, 실린 곳: 한국여성학 18(2002), 107-135쪽.

유네스코 아시아 태평양 국제이해교육원, 다문화사회의 이해, 동녘 2008.

유정희, 영원한 이방인. 독일의 터키 공동체, 실린 곳: 한국독일사학회 18(2009), 145-177쪽.

이종희, 다문화사회와 사회통합. 독일사례를 중심으로, 실린 곳: 한독사회과학논총 22(2012), 53-84쪽.

이철용, 독일의 '문화전쟁'과 이민자 문제, 실린 곳: 사회과학논총 17(2007), 321-349쪽.

이태숙/김종원 편, 서유럽 무슬림과 국가 그리고 급진이슬람주의, 아모르문디 2009.

장석인, 서유럽 국가의 다문화사회와 사회통합 정책에 관한 연구. 영국·프랑스·독일·스웨덴을 중심으로, 실린 곳: 경영컨설팅리뷰 4(2013), 69-88쪽.

장희권, 회귀하는 보수주의. 보토 슈트라우스 논쟁을 통해 본 1990년대 독일의 정신사적 지형도, 실린 곳: 독일어문학 34집(2006), 201-226쪽.

정병호/송도영 편, 한국의 다문화공간. 우리 사회 다문화 이주민들의 삶의 공간을 찾아서, 현암사 2011.

정윤희, 독일, 베를린의 다문화 정책 사례-배제에서 통합으로, 실린 곳: 국토 342(2010), 46-57쪽.

정재각, 독일의 이주 정책과 사회통합 간의 갈등에 관한 연구, 실린 곳: 한독사회과학논총 21(2011), 79-106쪽.

조민, 한반도 통일의 의의 및 전망. 통일코리아 모색, 실린 곳: 독일 통일 20년과 한반도 통일비전, 통일연구원 KINI학술총서 10-02(2010).

최윤영, 낯선 자의 시선. 외즈다마의 텍스트에 나타난 이방성과 다문화성의 문제, 실린 곳: 독일어문학 33(2006), 77-101쪽.

_____, 이민문학과 상호문화성 교육, 블라디미르 카미너의 텍스트를 중심으로, 실린 곳: 독어교육 36(2006), 393-417쪽.

_____, Raum und Identität in der Literatur der zweiten Migrantengeneration. Fatih Akins Film Gegen die Wand und Jade Karas Roman Selam Berlin, 실린 곳: 독일문학 108(2008), 278-301쪽.

_____, 위험한 삼중주, 실린 곳: 한양대학교 비교역사문화연구소, 이중언어작가, 책과

함께 2014, 87-120쪽.
최정무/일레인 김, 위험한 여성. 젠더와 한국의 민족주의, 삼인 2001.
최진우, 유럽 다문화사회의 위기와 유럽 통합, 실린 곳: 아시아리뷰 2(2013), 31-62쪽.
통일연구원, 독일 통일 20년과 한반도 통일비전, 통일연구원 KINI학술총서 10-02(2010).
Adelson, L., Turkish-German Questions, in: Contemporary German Studies, Vol. 17, No. 2 (1994), S. 305-330.
Aifan, Uta, Araberbilder. Zum Werk deutsch-arabischer Grenzgängerautoren der Gegenwart, Aachen 2003.
Auernheimer, Georg, Einführung in die interkulturelle Erziehung, Darmstadt 1990.
Barner, Wilfried (Hrsg.), Geschichte der deutschen Literatur von 1945 bis zur Gegenwart, München 2004.
Bavar, Amir Mansour, Aspekte der deutschsprachigen Migrationsliteratur. Die Darstellung der Einheimischen bei Alev Tekinay und Rafik Schami, München 2004.
Beck-Gernsheim, Elisabeth, Wir und die Anderen. Vom Blick der Deutschen auf Migranten und Minderheiten, Frankfurt a.M. 2004.
Berlin-Insitut für Bevölkerung und Entwicklung, Die demographische Lage der Nation, München 2006.
Biller, Maxim, Land der Väter und Verräter, Köln 1997.
_____, Deutschbuch, München 2001.
Biondi, Franco, Im Labyrinth der Herkunft, in: Saalfeld, Lerke von (Hrsg.), Ich habe eine Fremde Sprache gewählt, Gerlingen 1998.
Böll, Heinrich, Gruppenbild mit Dame, Köln 1971.
Bröskamp, Bernd, Vom Auswanderungs-zum Einwanderungsland: Die DDR, ihre Ausländer, die deutsche Wiedervereinigung und die Folgen, Bremen 1993.
Chiellino, Carmine (Hrsg.), Interkulturelle Literatur in Deutschland. Ein Handbuch, Stuttgart 2000.
Durzak, Manfred, Schnittpunkte interkultureller Erfahrung. Am Beispiel deutsch-türkischer Begegnung in Sten Nadolnys Roman Selim oder die Gabe der Rede, in: Praxis interkultureller Germanistik. Forschung-Bildung-Politik. Beiträge zum 2. internationalen Kongress der Gesellschaft für interkulturelle

Germanistik, München 1991, S. 292-304.

Fritsch, Theodor, Antisemiten-Katechismus, Leipzig 1887.

Geißler, Rainer, Die Sozialstruktur Deutschlands, 4. Aufl., Wiesbaden 2006.

Gilman, Sander L., Rasse, Sexualität und Seuche, Hamburg 1992.

Gurst, Hung, Der Zwischenfall, Stutgart 1993.

_____, Wer sind die Exoten? in: Saalfeld, Lerke von (Hrsg.), Ich habe eine fremde Sprache gewählt, Gerlingen 1998.

Ha, Kien Nghi, Ethnizität und Migration reloaded. Kulturelle Identität, Differenz und Hybridität im postkolonialen Diskurs, Berlin 2004.

Hamazaki, Keiko, Bekannte Fremde, in: Ryozo, Maeda (Hrsg.), Kulturwissenschaftliche Germanistik in Asien, Seoul 2008, Bd. I, S. 267-276.

Höbel, Wolfgang, Unliebsame Verwandschaft, in: Der Spiegel, Nr. 24 (2006), S. 148-149.

Hoerder, Dirk, Geschichte der deutschen Migration, München 2010.

Kaminer, Wladimir, Russendisko, München 2000.

_____, Schönhauser Allee, München 2001.

_____, Die Reise nach Trulala, München 2002.

_____, Mein deutsches Dschungelbuch, München 2003.

_____, Ich mache mir Sorgen, Mama, München 2004.

Kara, Jadé, Selam Berlin, Zürich 2004.

Khalil, Iman Osman, From the Margins to the Center. Arab-German Authors ans Issues, in: Lorenz, Dagmar C. G./Posthofen, Renate (Hrsg.), Transforming the Center, Eroding the Margins. Essays on Ethnic and Cultural Boundaries in German-Speaking Countries, Rochester 1998, S. 227-237.

_____, Orient-Okzident-Stereotype im Werk arabischer Autoren, in: Howard, Mary (Hrsg.), Interkulturelle Konfigurationen zur deutschsprachigen Erzählliteratur von Autoren nichtdeutscher Herkunft, München 1997, S. 77-94.

Krämer, Sybille, Medien, Computer, Realität, Frankfurt a.M. 1974.

Krusche, Dietrich, Literatur und Fremde, München 1985.

Kugelmann, Cilly/Backhaus, Fritz, Jüdische Figuren in Film und Karikatur, Frankfurt a.M. 1995.

Kumbier, Dagmar, Interkulturelle Kommunikation: Methoden, Modelle, Beispiele,

Reinbek bei Hamburg 2006.

Ledanff, Susanne, Berlins neue Internationalität und kulturelle Aufbruchsentwicklungen nach der Vereinigung, in: Kashiwagi, Kikuko/Wetzel, Michael (Hrsg.), Interkulturelle Schauplätze in der Großstadt, Paderborn 2015, S. 79-92.

Lenz, Sigfried, Wie bei Gogel, in: Durzak, Manfred (Hrsg.), Die deutsche Kurzgeschichte der Gegenwart, Stuttgart 1980, S. 401-403.

Luft, Stefan, Ausländerpolitik in Deutschland, Gräfelfing 2003.

Lützeler, Paul M., Postmoderne und postkoloniale deutschsprachige Literatur. Diskurs-Analyse-Kritik, Bielefeld 2005.

Maus, Stephan, Alles Mafia! Eine Gangsta Rhapsodie, Berlin 2000.

Mosse, George L., Das Bild des Mannes. Zur Konstruktion der modernen Männlichkeit, Frankfurt a.M. 1997.

Neubert, Stefan et al., Multikulturalismus-ein umstrittenes Konzept, in: Neubert, Stefan/Roth, Hans-Joachim (Hrsg.), Multikulturalität in der Diskussion, Wiesbaden 2009.

Özdamar, Emine Sevgi, Das Leben ist eine Karawanserei hat zwei Türen aus einer kam ich rein aus der anderen ging ich raus, Köln 1992.

_____, Die Brücke vom Goldenen Horn, Köln 1998.

_____, Die Wörter haben Körper, in: Saalfeld, Lerke von (Hrsg.), Ich habe eine fremde Sprache gewählt, Gerlingen 1998.

_____, Der Hof im Spiegel, Köln 2001.

Rebiger, Bill, Das jüdische Berlin, Berlin 2010.

Rösch, Heidi, Migrationsliteratur im interkulturellen Kontext, Frankfurt a.M. 1992.

Saalfeld, Lerke von (Hrsg.), Ich habe eine fremde Sprache gewählt, Gerlingen 1998.

Said, Edward W., Orientalism, New York 1997.

Schami, Rafik, Damals dort und heute hier. Über Fremdsein, Freiburg i.B. 1998.

Schenk, Klaus/Todorow, Almut (Hrsg.), Migrationsliteratur, Schreibweisen einer interkulturellen Moderne, Tübingen 2004.

Schindel, Robert, Schweigend ins Gespräch verfieft. Anmerkungen zu Geschichte und Gegenwart des jüdisch-nichtjüdischen Verhältnisses in den Täterländern, in: Text+Kritik, Heft 144, München 1999.

Schubert, Kurt, Jüdische Geschichte, München 2001.

Şenocak. Zafer, Atlas des tropischen Deutschland, Berlin 1993.

_____, Gefährliche Verwandschaft, München 1998.

Simmel, Georg, Soziologie. Untersuchungen über die Formen der Vergesellschaftung, Berlin 1908.

Tanzer, Harald, Deutsche Literatur türkischer Autoren, in: Schenk, Klaus/Todorow, Almut (Hrsg,), Migrationsliteratur, Schreibweisen einer interkulturellen Moderne, Tübingen 2004.

Tibi, Bassam, Europa ohne Identität? München 2002.

Todorow, Almut, Das Streunen der gelebten Zeit: Emine Sevgi Özdamar, Herta Müller, Yoko Tawada, in: Schenk, Klaus/Todorow, Almut (Hrsg,), Migrationsliteratur, Schreibweisen einer interkulturellen Moderne, Tübingen 2004, S. 25-50.

Vokmann, Lauren, Literaturlektüren, in: Weidemann, Arne/Straub, Jürgen/Nothnagel, Steffi (Hrsg.), Wie lehrt man interkulturelle Kompetenz? Bielefeld 2010.

Von der Grün, Max, Das Leben in einem gelobten Land. Gastarbeiterporträts, Darmstadt 1975.

Weidemann, Arne/Straub, Jürgen/Nothnagel, Steffi (Hrsg.), Wie lehrt man interkulturelle Kompetenz? Bielefeld 2010.

Werenfels, Isabelle, Von der Mikrophysik arabisch-muslemischer Männlichkeiten, in: Werenfels, Isabelle/Strunk, Marion (Hrsg.), Gender Game, Tübingen 2002, S. 120-151.

Wierlacher, Alois/Bogner, Andrea (Hrsg.), Handbuch interkulturelle Germanistik, Stuttgart/Weimar 2003.

Wimmer, Franz Martin, Interkulturelle Philosophie, Wien 2004.

Yousefi, Hamid Reza/Braun, Ina, Interkulturalität, Darmstadt 2010.

http://de.wikipedia.org/wiki/Zafer_%C5%9Eenocak.

http://withmigrants.org/xe/29071.

http://www.bundesregierung.de/Content/DE/Artikel/IB/Artikel/Geschichte/2009-10-06-vertragsarbeiter-in-der-ddr.html.

http://www.goethe.de/ges/phi/dos/jul/de1418155.htm.
http://www.goethe.de/ins/il/lp/kul/mag/jld/umg/de2625340.htm.
http://www.kyosu.net/news/articleView.html?idxno=22033.
http://www.literaturkritik.de/public/rezension.php?rez_id=9610.
http://www.literaturkritik.de/public/rezension.php?rez_id=11966.
http://www.loester.net/fakten1.htmR.
http://www.shakespeare-and-more.com/blog/2006/09/feridun-zaimoglu-leyla.html.
http://www.spiegel.de/flash/0,,27451,00.html.
http://www.taz.de/1/archiv/?id=archivseite&dig=2004/11/08/a0246.
http://www.welt.de/print-welt/article188598/Fragen_an_einbuergerungswillige_Muslime_in_Baden_Wuerttemberg.html.
https://www.destatis.de/DE/ZahlenFakten/GesellschaftStaat/Bevoelkerung/MigrationIntegration/AuslaendischeBevolkerung/Tabellen/Bundeslaender.html.

찾아보기

Abstract

The Conflict between German Reunification and Multicultural Society

Focusing on the German Literature

Yun-Young Choi

This book described the German reunification from the perspectives of migrants with multicultural social backgrounds. Not only the GDR people, but also the foreigners, migrants and guest workers suffered from the nationalism, a taboo theme which has become a hot issue related to the political climate changes during the reunification in Germany. Beginning with the analysis of terror against migrants and guest workers after reunification, the policies of two Germanys on foreigners during the cold war were discussed in the first half of the book. Based on the results the migrants' literatures of Hung Gurst, Maxim Biller, Vladimir Kaminer, Emine Sevgi Özdamar, Yadé Kara and Zafer Şenocak were analyzed in the second half. In the text the migrants concretely described their individual lives and sufferings in the German societies as minority groups, especially direct after German national reunification. The literary themes had strong reality and dealt with the problems of identity, intercultural communications, foreigner stereotypes, xenophobia, terror, racism, etc. It is expected that Korea will experience the same kind of conflict between strong nationalism and multicultural society and will learn some lessons from Germany.

저자소개

최윤영

서울대학교 인문대학 독어독문학과에서 학사 및 석사학위를, 독일 본 대학에서 박사학위를 받았다. 주요 논저 및 역서로, 『에다. 게르만 민족의 신화, 영웅전설, 생활의 지혜』(공역, 2015), 『카프카, 유대인, 몸』(2012), 『영혼 없는 작가』(2011), *Verschwiegene und schweigende Individuen im realistischen Roman. Eine Untersuchung zum Grünen Heinrich und zur Effi Briest*(Literatur in der Diskussion, Bd. 1, 1996) 등이 있다. 현재 서울대학교 인문대학 독어독문학과 교수로 재직 중이다.